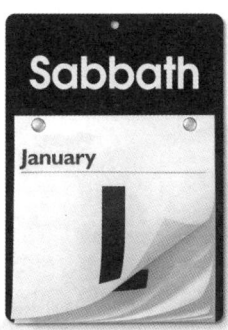

Remember me
Remember the Sabbath day, to keep it holy

나를 기억하라

초판 발행 2009년 5월 1일
개정증보판 2쇄 발행 2019년 12월 1일

펴낸곳 11HN네트워크
지은이 손계문
출판등록 2007년 7월 4일
주소 경북 봉화군 봉성면 봉양4길 52-212
전화 / 이메일
1544-0091 / 11hnnet@gmail.com

홈페이지 http://www.11hn.net

ISBN 979-11-6324-000-6 03230
값 6,000원

"안식일을 기억하여 거룩히 지키라
엿새 동안은 힘써 네 모든 일을 행할 것이나
제칠일은 너의 하나님 여호와의 안식일인즉
너나 네 아들이나 네 딸이나 네 남종이나 네 여종이나
네 육축이나 네 문안에 유하는 객이라도 아무 일도 하지 말라
이는 엿새 동안에 나 여호와가 하늘과 땅과 바다와
그 가운데 모든 것을 만들고 제칠일에 쉬었음이라
그러므로 나 여호와가 안식일을 복되게 하여
그 날을 거룩하게 하였느니라"

(출 20:8-11)

차례 Contents

안식일을 기억하는 것은 창조주 하나님을 기억하는 것

제1장 서문 / 7

제2장 구약 / 13
1. 창 2:1~3 • 창조 / 14
2. 출 16:4, 23-30 • 충성의 시금석 / 15
3. 출 20:8-11 • 십계명 / 17
4. 출 31:13-17 • 영원한 표 / 19
5. 신 5:15 • 구원의 표 / 20
6. 사 56:1,2 • 재림의 준비, 행복의 조건 / 22
7. 사 58:13,14 • 시간의 지성소 / 22
8. 사 66:22,23 • 새 하늘과 새 땅 / 23
9. 렘 10:10~12 • 참 신과 거짓 신 / 24
10. 겔 20:12 • 재창조의 표 / 25
11. 겔 20:20 • 하나님의 표(인) / 25
12. 단 7:25 • 십계명에 대한 공격 / 26
13. 호 2:11 • 구약시대에 안식일과 모든 절기는 폐했는가 / 39

제3장 신약 / 41
1. 마 5:17,18 • 일점일획도 없어지지 않음 / 42
2. 마 24:20 • AD 70년 / 47
3. 막 2:27,28 • 사람을 위한 날, 안식일의 주인 / 48
4. 눅 4:16 • 예수님의 규례 / 49
5. 요 9:14~16 • 질문 1 : 안식일은 일하는 날이다? / 49
6. 요 13:34 • 질문 2 : 새 계명이란 무엇인가? / 51
7. 요 14:15,21 • 사랑과 순종 / 52
8. 요 20:19 • 질문 3 : 일요일에 모여 예배드렸다? / 52

9. 행 13:42~45 • 초대교회 / 53
10. 행 15:10 • 질문 4 : 안식일은 멍에(?) / 54
11. 행 16:13 • 회당 없는 곳 / 58
12. 행 17:2; 18:4 • 바울의 규례 / 58
13. 행 20:7 • 질문 5 : 일요일 예배의 근거? / 60
14. 행 28:17 • 바울의 마지막 호소 / 64
15. 롬 14:5 • 질문 6 : 아무 날이나 지키면 된다? / 66
16. 고전 16:2 • 질문 7 : '매주일 첫날(일요일)'에 헌금? / 72
17. 고후 3장 • 고린도후서 3장의 올바른 이해 / 74
18. 갈 4:10,11 • 질문 8 : 안식일을 지키는 것은 헛되다? / 100
19. 엡 2:15 • 질문 9 : 계명은 폐했다? / 101
20. 골 2:14~17 • 질문 10 : 안식일은 그림자일 뿐이다? / 105
21. 히 4:1~11 • 순종의 표 / 111
22. 요일 3:18,24 • 주안에 거하는 방법 / 120
23. 요일 5:3 • 하나님을 사랑하는 방법 / 121
24. 계 1:10 • 주의 날 / 122
25. 계 4:11 • 하나님을 경배하는 이유 / 123
26. 계 12:17 • 아마겟돈 전쟁 / 124
27. 계 14:6,7 • 복음과 심판 / 125
28. 계 14:12 • 승리하는 그리스도인 / 125

제4장 개신교회에 들어온 이교 주의 / 129
부활절 / 133
크리스마스 / 137
일요일 준수와 태양 예배 / 139
콘스탄틴 황제의 일요일 휴업령 / 139
기독교의 공식적인 일요일 준수 / 141

제5장 안식일은 믿음으로 말미암는 의의 극치 / 145

창세기부터 계시록까지의 안식일

> 천지와 만물이 다 이루니라
> 하나님의 지으시던 일이 일곱째 날이 이를 때에 마치니
> 그 지으시던 일이 다하므로 일곱째 날에 안식하시니라
> 하나님이 일곱째 날을 복 주사 거룩하게 하셨으니
> 이는 하나님이 그 창조하시며 만드시던 모든 일을 마치시고
> 이 날에 안식하셨음이더라
>
> (창 2:1-3)

제1장
서문
Introduction

1 Introduction
서문

며칠 전 침례교회의 어느 목사님과 1시간 정도 다음과 같은 대화를 나누게 되었습니다.

K목사: "안식일을 지키십니까?"
대 답: "네, 성경적으로 안식일이 맞습니다."
K목사: "안식일은 구약에서 지키던 것 아닌가요?"
대 답: "안식일은 십계명에 포함돼 있지요. 혹, 살인하지 말라는 계명은 구약에서만 효력을 발생하는 것인가요?"
K목사: "그렇군요. 그러나 우리는 부활을 기념하여 주일에 예배를 드리지 않습니까?"
대 답: "부활을 기념하여 그 날 예배드리라는 말씀이 성경에 있나요?"
K목사: "없는 것 같습니다."

이것이 여러분들께서 할 수 있는 최선의 정직한 대답일 것입니다.

1800년대 후반 미국에서 대 부흥운동을 일으킨 D.L. 무디 목사는 다음과 같이 얘기하였습니다.

"나는 안식일 계명이 현재에도 과거와 다름없이 여전히 유효하다는 것을 솔직하게 믿을 수밖에 없다. 나는 이것이 폐지되었다고 주장하는 사람들과 이야기해 보았는데 그들은 하나님께서 그것을 폐지하셨다는 것을 성경상 아무데서도 지적해 낼 수 없었다. 그리스도께서는 지상에 계실 때 그것을 도외시하는 어떤 행위도 하시지 않으셨으며 오히려 바리새인들과 학자들의 잘못된 가르침으로부터 자유롭게 하시고 안식일을 마땅히 있어야 할 위치에 세워 놓으셨다. 현대에도 과거 어느 때와 마찬가지로 실제적이고 유용한 진리이며, 사실상 지금은 과거보다 더욱 그러한데, 왜냐하면 우리는 아주 중요한 시대에 살고 있기 때문이다"(Dwight Lyman Moody, Weighed and Wanting, p.46. 무디의 십계명 해설, 권달천 역[생명의 말씀사, 1979],pp.58,59).

침례교회의 수칙을 작성한 에드워드 히스콕스 박사는 "**과거부터 지금까지 안식일을 거룩하게 지키라는 계명이 존재해왔는데, 그 안식일은 토요일이다.** 그러나 사람들은 안식일이 제7일로부터 제1일(일요일)로 옮겨졌다는 말을 한다. … 그러한 변경에 대한 말이 성경 어디에 기록되어 있는가? 성경에서는 전혀 그러한 말을 발견할 수 없다. … 이 교도들의 표이며, 태양신의 이름과 관련 있는 일요일이 교황권의 배도에 의해서 안식일로 채택되었는데, 그것이 개신교회까지 전수된 사실은 정말 슬픈 사실이"(New York magazine, Nov. 13, 1893)라고 고백했습니다.

대다수의 사람들이 진리대신에 인간의 전통을 따르고 있습니다. 마치 오늘날의 상황을 미리 예견이나 한 듯이 예수님은 이렇게 말씀하셨습니다.

"사람의 계명으로 교훈을 삼아 가르치니 나를 헛되이 경배하는도다 너희가 하나님의 계명은 버리고 사람의 유전을 지키느니라 또 가라사대 너희가 너희 유전을 지키려고 하나님의 계명을 잘 저버리는도다"(막 7:7-9).

많은 기독교인이 자신의 신앙에 대하여 성경으로 확인하지 않은 채, 이런저런 인연으로 처음 발을 들여놓게 된 교회에서 가르치는 내용을 그대로 믿고 신앙생활을 합니다. "교회가 크니까, 목사가 유명하니까, 같은 교회에 다니는 사람 중에 신학박사도 있고 변호사도 있고 교수도 있으니까, 그런 분들이 잘못된 것을 믿을 리가 있나?" 이런 말은, "예수님 당시에 수많은 바리새인들이나 구약 성경에 능통했던 랍비들이나 제사장들이 예수를 메시아로 인정하지 않았기 때문에 예수는 메시아가 될 수 없다"는 말과 같습니다.

그리스의 유명한 철학자이며 과학자였던 아리스토텔레스는 주전 350년경에, 거미의 발이 여섯 개라고 발표한 바 있습니다. 아무도 이의를 제기하지 않은 채 2,000여 년의 세월이 흘렀는데, 1700년대 후반 프랑스의 학자인 라마르크가 거미의 발을 세어본 결과 여섯 개가 아니라 여덟 개임이 밝혀졌습니다. 사실이 아닌 것을 확인도 하지 않은 채 2,000년의 세월을 보내는 것이 인간의 한 단면이기도 합니다.

예수님 당시 유대 지도자들에게 편만 했던 메시아에 대한 오해와 무지, 중세암흑시대 동안 수많은 종교지도자의 성경에 대한 무지, 그리고 그러한 무지에 휘말려 아무런 생각 없이 따라가던 무지한 군중, 그 결과는 두렵게도 집단적인 패망이었습니다.

당시 유대 지도자들은 그 조상들과 마찬가지로 하나님의 계명을 저버렸고 오늘날 종교 지도자들 역시 동일한 전철을 밟고 있습니다.

"그 제사장들은 내 율법을 범하였으며 나의 성물을 더럽혔으며 거룩함과 속된 것을 분변치 아니하였으며 부정함과 정한 것을 사람으로 분변하게 하지 아니하였으며 그 눈을 가리워 나의 안식일을 보지 아니하였으므로 내가 그 가운데서 더럽힘을 받았느니라"(겔 22:26).

필자 역시 23년간 일요일에 예배를 드려왔습니다. 그러던 어느 날 성경에서 "안식일"이라는 빛을 보았을 때의 그 감격과 환희를 잊을 수 없습니다. 하나님의 사랑을 더 많이 알게 되었고 하나님을 더 깊이 사랑하게 되었습니다. 이렇게 알게 된 복음의 빛은 사람들에게 나누어 주어야 할 빛이 되었습니다.

하나님을 사랑해서 그의 뜻대로 살기를 소망하는 그리스도인,
비난받고 오해받으며 까다로운 자들이라고 고소를 당할지라도,
주님의 인정하심을 최선으로 여기며 뜻을 정한 그리스도인들에게,
참 안식의 기쁜 소식을 전하며….

"여호와께서 이같이 말씀하시되
너희는 길에 서서 보며
옛적 길 곧 선한 길이 어디인지 알아보고 그리로 행하라
너희 심령이 평강을 얻으리라." 렘 6:16

제2장

구약

Sabbath

창조
충성의 시금석
십계명
영원한 표
구원의 표
재림의 준비, 행복의 조건
시간의 지성소
새 하늘과 새 땅
참 신과 거짓 신
재창조의 표
하나님의 표(인)
십계명에 대한 공격
구약시대에 안식일과 모든 절기는 폐했는가

---

2 Sabbath
구약

1. 창조

> "천지와 만물이 다 이루니라 하나님의 지으시던 일이 일곱째 날이 이를 때에 마치니 그 지으시던 일이 다하므로 일곱째 날에 안식하시니라 하나님이 일곱째 날을 복 주사 거룩하게 하셨으니 이는 하나님이 그 창조하시며 만드시던 모든 일을 마치시고 이 날에 안식하셨음이더라"(창 2:1-3).

부모가 될 수 있는 자격은 자식을 낳았다는데 있고, 자녀들로부터 합당한 존경을 받는 마땅한 권리도 역시 그들을 낳았다는데 있습니다. 마찬가지로 하나님이 되실 수 있는 자격은 창조에 있고 인간에게서 합당한 예배를 받으시는 것이 마땅한 까닭도 창조에 있습니다.

안식일은 어떤 종교 창시자의 발명품이 아닙니다. 그것은 창조주 자신에 의해서 개시된 최초의 제도입니다. 인류의 아침은 안식일로 시작했습니다. 그날 아침 새의 노래 소리와 산들거리는 나무와 바다의 음악 소리에서 아직도 우리는 시원한 바람과 함께 에덴동산에서 아담과 담소하신 하나님의 음성을 들을 수 있습니다. 안식일은 창조시에 거룩히 구별되었고 사람을 위하여 제정된 것으로 그 기원은 "하나님이 그 지으신 모든 것을 보시니 보시기에 심히 좋았더라"(창 1:31)하심에 있습니다. 그리고 창조사업을 기념하면서 피조물인 인간들에게 "창조주를 경배하라"고 시작된 날입니다.

"1년"은 지구가 태양을 한 바퀴 도는 공전 때문입니다. "1달"은 달이 지구를 한 바퀴 도는 달의 공전 때문이며, "1일"은 지구가 제자리에서 한 바퀴 도는 자전 때문에 생기는 것입니다. 그렇다면 "1주일"은 어떤 별의 움직임 때문에 오는 주기일까요? 그것은 인류역사의 모든 문헌을 다 뒤져봐도 오직 창세기에서만 발견할 수 있는 제도입니다. 안식일은 창조 사업의 기념이며 따라서 하나님의 능력과 사랑의 표징이고, 또한 직접 제정하시고 복을 주어 거룩하게 하신 날입니다. 우주의 기초가 유지되는 이상 절대로 무시될 수 없습니다.

2. 충성의 시금석

"때에 여호와께서 모세에게 이르시되 보라 내가 너희를 위하여 하늘에서 양식을 비 같이 내리리니 백성이 나가서 일용할 것을 날마다 거둘 것이라 이같이 하여 그들이 나의 율법을 준행하나 아니하나 내가 시험하리라"(출 16:4).

"모세가 그들에게 이르되 여호와께서 이같이 말씀하셨느니라 내일은 휴식이니 여호와께 거룩한 안식일이라 너희가 구울 것은 굽고 삶을 것은

> 삶고 그 나머지는 다 너희를 위하여 아침까지 간수하라 그들이 모세의 명대로 아침까지 간수하였으나 냄새도 나지 아니하고 벌레도 생기지 아니한지라 모세가 가로되 오늘은 그것을 먹으라 오늘은 여호와께 안식일인즉 오늘은 너희가 그것을 들에서 얻지 못하리라 육일 동안은 너희가 그것을 거두되 제칠일은 안식일인즉 그날에는 없으리라 하였으나 제칠일에 백성 중 더러가 거두러 나갔다가 얻지 못하니라 여호와께서 모세에게 이르시되 어느 때까지 너희가 내 계명과 내 율법을 지키지 아니하려느냐 볼지어다 여호와가 너희에게 안식일을 줌으로 제육일에는 이틀 양식을 너희에게 주는 것이니 너희는 각기 처소에 있고 제칠일에는 아무도 그 처소에서 나오지 말지니라 그러므로 백성이 제칠일에 안식하니라"(출 16:23-30).

하나님의 말씀대로 순종하는가의 여부를 무엇으로 판단하신다구요? 안식일입니다. 이스라엘 백성들은 그들이 시내산에 오기 전부터 안식일을 지켰습니다. 이때는 아직 십계명을 이스라엘에게 주기 전이므로 창조로부터 계속 안식일을 준수해 왔음을 확인할 수 있습니다. 만나는 애굽을 떠난 지 한 달 후부터 내리기 시작했고, 하나님께서는 그 만나를 통하여 안식일을 교육하셨습니다. 애굽에서 종살이하는 동안 제대로 지키지 못했을 안식일을 다시 철저하게 지키도록 훈련하신 것입니다. 만나는 엿새 동안 내렸고 일곱 째날 안식일에는 내리지 않았습니다. 그래서 여섯째 날에는 안식일분까지 두 배를 거두어들이도록 했습니다. 평소에는 하루분 이상을 거두면 그것이 썩었으나, 안식일에는 썩지 않는 기적을 경험하면서 잊지 않고 지킬 수 있었습니다.

위대한 부흥을 이끈 D.L 무디 목사는 다음과 같이 얘기했습니다.

"안식일은 에덴동산에서부터 주어졌으며 그 이후 계속 강화 전승되어져 왔다. 이 넷째 계명은 〈기억하여〉라는 말로 시작되는데, 그것은 하나님께서 시내산에서 돌비에 십계명을 쓰시기 전에 이미 안식일이 존재하고 있었음을 보여준다. 그렇다면 어떻게 해서 사람들이 다른 아홉 계명은 여전히 유효하고 유독 이 한 계명만은 폐지되었다고 주장할 수 있는가?"(Dwight Lyman Moody, Weighed and Wanting, p.47).

3. 십계명

> "안식일을 기억하여 거룩히 지키라 엿새 동안은 힘써 네 모든 일을 행할 것이나 제칠일은 너의 하나님 여호와의 안식일인즉 너나 네 아들이나 네 딸이나 네 남종이나 네 여종이나 네 육축이나 네 문안에 유하는 객이라도 아무 일도 하지 말라 이는 엿새 동안에 나 여호와가 하늘과 땅과 바다와 그 가운데 모든 것을 만들고 제칠일에 쉬었음이라 그러므로 나 여호와가 안식일을 복되게 하여 그 날을 거룩하게 하였느니라"(출 20:8-11).

처음 네 계명은 하나님에 대한 우리의 의무를 담고 있으며, 나머지 여섯 계명은 사람에 대한 우리의 의무를 담고 있습니다. 많은 사람들이 "안식일은 유대인을 위해 제정되었다"고 합니다. 이러한 거짓말은 수많은 그리스도인들이 "유대인의 안식일"이라고 부르도록 만들었습니다. 그러나 거기에는 유대인적인 요소가 전혀 없는데, 그것은 셋째나 여섯째 계명이 유대인적이 아닌 것과 마찬가지입니다. 성경 어느 곳에서도 안식일을 유대인의 것이라고 말하지 않고, 오히려 "여호와의 안식일"이라고 선언하십니다. 뿐만 아니라 이때는 유대인이 존재하지도 않았던 때입니다. 유대인의 역사는 솔로몬 왕의 아들 르호보암의 분별없는 행동 때문에 이스라엘의 10지파가 그를 배반하여, 솔로몬의 신하 느밧의 아들이 여로보암을 따라 북방에 이스라엘 나라를 세웠고, 유다 지파만이 르호보암을 왕으로 삼고 남방에 유다를 세움으로 시작된 것입니다(왕상 12장).

안식일은 하나님의 것이며, 하나님께서 그 백성에게 주시는 것입니다. 이스라엘 백성이 애굽에서 나오자마자 안식일을 지키도록 요구받은 것은, 그들이 하나님의 백성이기 때문이었습니다. 안식일을 지키라는 말씀을 하지 않았다면, 십계명이 불교의 계명인지, 유교의 계명인지 기타 어느 종교의 것인지 알 수가 없을 것입니다. 이 네 번째 계명에서만 우리가 섬기는 하나님이 누구신지를 발견할 수 있습니다.

인에는 반드시 다음과 같은 3가지의 내용이 담겨 있어야 합니다.

❶ 통치자의 이름
❷ 통치자의 칭호
❸ 통치 구역

미합중국 대통령의 인(印)은 다음과 같이 3부분으로 구성되어 있습니다.

❶ 오바마(통치자의 이름)
❷ 미합중국(통치 구역)
❸ 대통령(통치자의 칭호)

마찬가지로 넷째 계명에는 인의 3가지 구성요소가 들어 있습니다. "제 칠일은 너의 하나님 여호와(❶ 통치자의 이름)의 안식일인즉 … 이는 엿새 동안에 나 여호와가 하늘과 땅과 바다(❷ **통치 구역**)와 그 가운데 모든 것을 만들고(❸ **창조주, 통치권자의 직위**), 제 칠일에 쉬었음이라"(출 20:8-11). 안식일은 하나님의 인에 해당하는 역할을 하며, 지구를 통치하는 유일한 신이 누구인가를 증명하는 계명입니다. 안식일을 지키는 것은 여호와를 나의 창조주로 믿는다는 신앙고백입니다.

4. 영원한 표

> "너는 이스라엘 자손에게 고하여 이르기를 너희는 나의 안식일을 지키라 이는 나와 너희 사이에 너희 대대의 표징이니 나는 너희를 거룩하게 하는 여호와인 줄 너희로 알게 함이라 너희는 안식일을 지킬지니 이는 너희에게 성일이 됨이라 무릇 그날에 일하는 자는 그 백성 중에서 그 생명이 끊쳐지리라 엿새 동안은 일할 것이나 제칠일은 큰 안식일이니 여호와께 거룩한 것이라 무릇 안식일에 일하는 자를 반드시 죽일지니라 이같이 이스라엘 자손이 안식일을 지켜서 그것으로 대대로 영원한 언약을 삼을 것이니 이는 나와 이스라엘 자손 사이에 영원한 표징이며 나 여호와가 엿새 동안에 천지를 창조하고 제칠일에 쉬어 평안하였음이니라 하라"(출 31:13-17).

대대의 표징, 영원한 언약, 영원한 표징은 과연 언제까지일까요? 이 지구가 존재하고 하나님께서 존재하는 한 영원한 언약이 될 것입니다. 모든 계명이 다 중요하지만 다른 계명을 이렇게 강조하지 않으셨습니다. 우리가 부모를 공경하는 이유는 나를 낳아주셨기 때문인 것처럼 하나님을 예배하는 이유는 나의 창조주이시기 때문입니다(사 43:21). "하나님을 경외하고 그 명령을 지킬지어다 이것이 사람의 본분이니라"(전 12:13).

5. 구원의 표

> "너는 기억하라 네가 애굽 땅에서 종이 되었더니 너의 하나님 여호와가 강한 손과 편 팔로 너를 거기서 인도하여 내었나니 그러므로 너의 하나님 여호와가 너를 명하여 안식일을 지키라 하느니라"(신 5:15).

너를 구원했으니 안식일을 지키라는 것은, 너를 구원한 이가 바알 신이 아니라 창조주 하나님이라는 사실을 다시 한 번 기억하라는 것이지요. 사람의 범죄 이후 안식일에 추가된 또 하나의 의미는 구원의 기념, 즉 재창조의 기념입니다. 이스라엘 백성이 애굽에서 구출된 것은 우리가 죄악 세상으로부터 구원받은 것을 상징합니다. 이스라엘 백성을 구원하신 후에 이제 안식일을 지키라 하신 것처럼, 오늘 우리에게도 같은 요구를 하고 계십니다.

우리가 광복절을 지키기 때문에 해방이 되었나요? 아니지요. 해방된 날이 1945년 8월 15일이기 때문입니다. 안식일을 지키기 때문에 구원받는 것이 아니라 구원받은 백성은 안식일에 예배하며 찬송과 영광을 돌리는 것입니다. 8월 14일이나 16일을 광복절이라 생각하고 지킬 수 없는 것처럼, 안식일역시 변경될 수 없습니다.

구원 이야기가 나온 김에, 많은 사람들이 "안식일을 지켜야 구원을 얻는가?" 묻습니다. 이러한 질문은 안식일에만 국한시킬 성질의 것이 아닙니다. "부모를 공경해야 구원을 얻는가?" "도적질을 하지 말아야 구원을 얻는가?" 모두 같은 성질의 질문입니다. 이런 실문들에 어떻게 대답할까요? 우리는 부모를 잘 공경하고 도적질을 하지 않았어도 구원받지 못할 많은 사람이 있을 것을 알기 때문에 "그렇다"고 대답하기를 망설입니다. 마찬가지로 무법한 행위를 회개하지 아니한 사람들은 "하나님의 나라를 유업으로 받지 못할 것"(갈 5:19~21; 딤후 3:2~5)임을 명시한 성경 말씀을 기억할 때, 우리는 "아니라"고 대답하기도 꺼립니다. 그렇다면 문제는 어디에 있고 대답은 무엇일까요? 앞에서 밝힌 대로 안식일은 창조와 구속의 역사적 사건을 기념하는 날로서 개천절과 광복절의 의미가 포개진 경우입니다(신 5:12~15). 그러므로 "안식일을 지켜야 구원을 받는가?"라는 질문은, "광복절을 지켜야 해방되는가?"라는 질문과 같아집니다. 논리적으로 틀린 질문에는 바른 대답이 있을 수가 없습니다.

그러나 안식일을 포함한 십계명은 구원의 근거가 아니라, 은혜로 거저 베푸신 구원에 대한 인간의 반응, 즉 믿음의 진실한 여부를 드러내는 열매, 곧 행실(마 7:16~21)을 심판하는 표준임에는 틀림없습니다(약 2:8~13). 십계명의 기능은 죄인을 의롭게 하는 일이 아니라(롬 3:20), 십자가의 은혜로 의롭게 된 사람을 죄로부터 보존하여 거룩하게 하는 성화(聖化)의 방편이요, 표준입니다(롬 7:7,13).

마지막 심판에서(계 14:6~11), 의롭게 서게 될 참다운 그리스도인의 특성이, "저희는 하나님의 계명과 예수 믿음을 지키는 자"(계 14:12)라고 명시된 것도 그 까닭입니다. 구원은 믿음으로 받지만, 심판은 믿음의 결과인 행실을 판별하는 일임을 기억해야 합니다(마 16:27; 계 22:12).

6. 재림의 준비, 행복의 조건

> "여호와께서 이같이 말씀하시되 너희는 공평을 지키며 의를 행하라 나의 구원이 가까이 왔고 나의 의가 쉬 나타날 것임이라 하셨은즉 안식일을 지켜 더럽히지 아니하며 그 손을 금하여 모든 악을 행치 아니하여야 하나니 이같이 행하는 사람, 이같이 굳이 잡는 인생은 복이 있느니라"(사 56:1,2).

위 말씀은 참으로 흥미 있는데, 나의 구원이 가까웠고 나의 의가 나타날 것이기 때문에 안식일을 지키라고 하십니다. 여기 "나의 구원이 가까"웠다는 말씀은, "우리의 구원이 처음 믿을 때보다 가까웠음이니라"(롬 13:11)고 말한 예수님의 재림으로 적용할 수 있습니다. 인류역사의 마지막에 살고 있는 우리, 진실로 그리스도의 재림이 목전에 임박한 우리에게 시급한 준비는 "무너진 안식일을 수보하여 왕의 대로를 평탄케"(사 58:12,13 참조)하는 일입니다. 그렇게 하는 사람은 행복하다고 약속하십니다. 행복하기 원하십니까? 안식일을 지키십시오. 인류에게 행복을 주기 위해 정하신 제도입니다.

7. 시간의 지성소

> "만일 안식일에 네 발을 금하여 내 성일에 오락을 행치 아니하고 안식일을 일컬어 즐거운 날이라, 여호와의 성일을 존귀한 날이라 하여 이를 존귀히 여기고 네 길로 행치 아니하며 네 오락을 구치 아니하며 사사로운 말을 하지 아니하면 네가 여호와의 안에서 즐거움을 얻을 것이라 내가 너

> 를 땅의 높은 곳에 올리고 네 조상 야곱의 업으로 기르리라 여호와의 입의 말이니라"(사 58:13,14).

안식일은 우상숭배로부터 분리되었음을 나타내고 참 하나님과의 연결되었음을 보여주는 표징입니다. 모든 시간 중에 가장 거룩한 날, 하나님을 예배하는 날입니다. 이스라엘 백성들에게 위탁된 제도 중에 안식일만큼 주변국들과 철저하게 구별시킨 제도는 없었습니다. 하나님께서는 안식일의 준수로 그들이 당신의 경배자로 일컬어지도록 계획하셨습니다.

8. 새 하늘과 새 땅

> "나 여호와가 말하노라 나의 지을 새 하늘과 새 땅이 내 앞에 항상 있을 것 같이 너희 자손과 너희 이름이 항상 있으리라 여호와가 말하노라 매 월삭과 매 안식일에 모든 혈육이 이르러 내 앞에 경배하리라"(사 66:22,23).

하늘과 땅이 존속하는 한 안식일은 창조주의 능력의 표징으로 남아 있을 것입니다. 그리하여 에덴이 다시 지상에 회복될 때에 하나님의 거룩한 안식의 날은 해 아래 있는 모든 사람에 의해 존귀히 여김을 받을 것입니다. 여기서 한 가지, 월삭이란 달의 첫 날을 말하며(the first day of a month), 새로운 한 달 동안 하나님께 헌신하겠다는 고백이 담겨 있습니다. 하나님께서 말씀하셨으니 새 하늘과 새 땅에서 월삭에 하나님께 경배 할 것입니다. 그러나 이 땅에서 반드시 지켜야 할 계명으로 주어지지는 않았습니다.

9. 참 신과 거짓 신

> "오직 여호와는 참 하나님이시요 사시는 하나님이시요 영원한 왕이시라 그 진노하심에 땅이 진동하며 그 분노하심을 열방이 능히 당치 못하느니라 너희는 이같이 그들에게 이르기를 천지를 짓지 아니한 신들은 땅 위에서, 이 하늘 아래서 망하리라 하라 여호와께서 그 권능으로 땅을 지으셨고 그 지혜로 세계를 세우셨고 그 명철로 하늘들을 펴셨으며"(렘 10:10-12).

앙케이트 조사를 한 결과 놀라운 사실이 밝혀졌는데, 많은 현대인이 성경에 나오는 창조를 부인하고 더 놀랍게 하는 것은 조사에 응한 목사들 중의 72%가 창조사건에 대하여 여러 가지로 의심을 표현한 것입니다.

하나님께서는 사탄이 창조주를 잊어버리게 하기 위하여 수많은 가짜 신들을 만들어 낼 것을 알았습니다. 그래서 창조의 놀라운 역사에 대한 지식을 보존하기 위해 무언가 특별한 일을 하실 필요가 있었습니다. 참 신과 거짓 신을 구별하는 기준은 창조주냐 아니냐 입니다. 인류가 하나님의 창조를 영원토록 기억하도록 하기 위해 그분께서는 무엇을 만드셨을까요? 그것은 안식일 계명 밖에 없습니다.

10. 재창조의 표

> "또 나는 그들을 거룩하게 하는 여호와인 줄 알게 하려 하여 내가 내 안식일을 주어 그들과 나 사이에 표징을 삼았었노라"(겔 20:12).

우리를 거룩하게 하시기 위해 안식일을 준수하라고 말씀하십니다. 거룩하게 한다는 말은 "성별하다" "신성한 것으로 떼어놓다"는 뜻입니다. 성화는 죄 되거나 거룩하지 못한 존재들을 거룩하게 만드는 구속사업입니다. 창조사업과 마찬가지로 이것은 창조의 능력을 요구합니다. 안식일은 인간의 창조뿐 아니라 재창조함(거듭남) 받은 그들의 구원을 상기시켜 줄 것입니다. 진정한 성화(聖化)에 안식일이 빠질 수가 없습니다. 하늘에 죄가 없는 것처럼, 이 땅에서 지키는 안식일에도 죄가 없어야 합니다. 죄가 있는 사람은 쉼이 없습니다. 죄가 있는 곳에 주님이 계실 수가 없습니다. 주님이 들어오면 죄가 나가고 죄가 들어오면 주님이 나갈 수밖에 없는 게 당연한 이치입니다. 우리가 안식일을 성별하여 지킬 때, 창조하심의 그 능력이 우리를 죄로부터 벗어나 재창조하심으로 거룩하게 해 주신다는 약속의 말씀입니다. 사탄이 왜 그토록 안식일을 대항하여 끈질긴 전투를 감행해 오는지 이제 이해할 수 있게 됩니다. 그는 사람들을 기만하여 죄의 세력 아래 안주하게 하려는 것입니다.

11. 하나님의 표(인)

> "또 나의 안식일을 거룩하게 할지어다 이것이 나와 너희 사이에 표징

> 이 되어 너희로 내가 여호와 너희 하나님인 줄 알게 하리라 하였었노라"
> (겔 20:20).

이미 언급한대로 하나님은 창조주이시고 우리는 피조물입니다. 예배란 창조주와 피조물 사이의 관계 속에서 성립되는 것입니다. 그러므로 창조의 기념일인 안식일에 예배를 드린다는 것은 하나님이 우리의 창조주이심을 인정하는 것이고, 그 일을 통해서 하나님께서는 우리가 그분의 자녀임을 인정해 주십니다. 그래서 안식일은 그분과 우리 사이의 표징이 되는 것입니다. 하나님의 표가 있다면 짐승의 표가 있습니다. 그것이 무엇인지 다음 성경절에서 확인해 봅시다.

12. 십계명에 대한 공격

> "그가 장차 말로 지극히 높으신 자를 대적하며 또 지극히 높으신 자의 성도를 괴롭게 할 것이며 그가 또 때와 법을 변개코자 할 것이며 성도는 그의 손에 붙인 바 되어 한 때와 두 때와 반 때를 지내리라"(단 7:25).

많은 예언적 해석이 필요한 부분이므로 간단히 다루겠습니다. 자세한 설명은 〈지구의 운명을 지배하는 손(다니엘서 강해)〉을 참조하시기 바랍니다.

여기서 "그"는 교황권입니다. 교황권은 지금 하나님의 자리에 앉아 있습니다. 다음은 **천주교회가 말하는 "교황에 대한 정의"**입니다.

◆ "교황은 너무 존엄하고 높기 때문에 단순한 사람이 아니라 하나님이시며 … 예수 그리스도의 대리자일 뿐만 아니라, 육신의 베일 속에 감추어진 예수그리스도 자신이다"(Prompta Bibliotheca, vol Ⅵ, pp.25,29).

◆ "교황만이 가장 거룩하다고 불릴 수 있으며 … 거룩한 군주, 지고한 황제, 그리고 왕 중 왕이라고 불릴 수 있다. 교황은 그토록 큰 위엄과 능력을 가지고 있기 때문에 그리스도와 하나가 되어 동일한 심판을 구성할 수 있다. 그래서 교황이 행한 바는 무엇이든지 하나님의 입으로부터 발해진 것처럼 여김을 받는다. 만일 천사들이라도 신앙을 거부한다면, 그들을 심판하고 파문에 처할 수 있다"(Article on the Pope, Ferraris, Ecclesiastical Dictionary).

◆ "법왕의 권세는 사람의 권세가 아니요 하나님의 권세이므로 그는 하나님의 법도 수정할 수 있다"(Lueius Ferraris, Prompta Bibliotheca Canorica Vol. Ⅳ).

"때와 법"을 변경한다고 했는데, 이 법은 하나님의 법인 십계명이며, 그 중에서 때라고 표현된, 다시 말해서 시간이 포함된 계명인 안식일 계명을 교황권이 일요일로 변경했습니다. 다음은 카톨릭의 자체 증언들입니다.

◆ "카톨릭교회는 안식일을 주일 중 일곱째 날인 토요일에서 첫째 날인 일요일로 변경시킨 후, 십계명의 넷째 계명을 고쳐서 일요일을 주일로 지키라고 명하였다"(Catholic Encyclopedia, Vol. Ⅳ, p.153).

◆ "천주교회는 제 칠일 안식일 준수에서 예수의 부활을 기념하는 주일에 쉬도록 바꾸어 놓았다. 그러므로 개신교회들이 일요일을 지키는 것은 천주교회에 대한 그들의 충성을 보이는 표가 된다"(1868년 Catholic Press, 225).

◆ "교회가 가장 획기적이고도 과감한 일을 감행한 것은 제 1세기에 있었다. 그것은 거룩한 날 안식일을 토요일에서 일요일로 변경한 일이었다. ··· 성경에 기록된 어떠한 제시를 따라 한 것이 아니라 단지 교회의 권위를 가지고 한 일이었다. ··· 그러므로 성경만이 유일한 권위라고 생각하는 사람들이 있다면 그들은 안식일을 지키는 교인이 되어 토요일을 거룩하게 지키는 것이 논리적인 일이라고 할 수 있겠다"(Saint Catherine Catholic Church Sentinal, May 21,1995).

◆ "주의 날을 토요일에서 일요일로 변경하라는 말이 성경에는 전혀 없다. 우리는 이러한 변경이 교회의 전통에 의해서 지금까지 내려온 사실을 알고 있다. 바로 이것이 우리가 수많은 개신교인들에게 느끼고 있는 비논리적인 점이다. 그들은 오직 성경에 기록되어있는 것 외에는 어떤 것도 받아들이지 않는다고 주장하면서도, 카톨릭교회가 그렇게 하라고 말하였기 때문에 변경된 주의 날을 일요일로 지키고 있다"(Salvation History and the Commandments, p.294, 1963 edition).

◆ "카톨릭교회는 안식일을 일곱째 날에서 첫째 날로 변경시켰다. ··· 카톨릭교회는 그리스도인들의 축제일로서 토요일보다 일요일이 더욱 적합하다고 생각하였다"(This is Catholicism, 1959 edition, p.325).

◆ "왜 교회는 주의 날을 안식일에서 일요일로 변경시켰는가? 그리스도께서 교황에게 주신 묶거나 푸는 능력을 사용할 수 있는 교회는

주의 날을 일요일로 변경시켰다"(Life in Christ, 천주교회의 1958년도 판 교리문답 p.243).

◆ "만일 성경만이 그리스도인들을 위한 유일한 안내서라면, 토요일을 준수하는 이들이 그리스도인들이다. … 성경을 자신들의 유일한 선생으로 삼고 있는 개신교도들이 카톨릭교회가 만든 전통을 따른다는 것이 이상하지 않은가?"(James Cardinal Gibbons, The Question Box, p.179).

◆ "천주교회는 개신교가 일어나기 1000여 년 전에 그의 신성한 권위로 예배일을 토요일에서 일요일로 변경했다"(Catholic Mirror, Sep. 23, 1893).

◆ "그대가 성경을 창세기부터 계시록까지 읽어본다 할지라도 그 중에서 일요일을 신성하게 하셨다는 기록은 단 한 줄도 찾아볼 수 없을 것이다. 성경은 토요일을 종교적으로 지키라고 강조하는데, 그날은 우리 천주교회가 전혀 신성시하지 않는 날이다"(James Cardinal Gibbons, The Faith of Our Father, p. 111. 16th ed. 1880).

◆ 질문: 어느 날이 안식일인가?

대답: 토요일이 안식일이다.

질문: 왜 우리는 토요일 대신 일요일을 지키는가?

대답: 우리는 카톨릭교회가 토요일로부터 그 신성성을 일요일로 옮겼기 때문에 토요일 대신 일요일을 지킨다. (카톨릭 교리문답집 Peter Geiermann, The Convert's Catechism of Catholic Doctrine(Rockford, IL: Tan Books, 1977), 50).

◆ "성경은 일요일이 아닌 토요일을 안식일로서 증거하고 있음에도

불구하고, 자신의 신앙을 교회가 아닌 성경에만 두고 있다고 공언하는 개신교인들이 일요일을 예배일로서 준수하고 있는 현실이 이상하지 않은가? 물론이다. 그것은 너무나 앞뒤가 맞지 않는 것이다. … 일요일 준수 전통이 성경이 아닌 카톨릭교회의 권위에 의해서 이루어진 것임에도 불구하고, 그러한 전통은 계속해서 전수되었다. 마치 집을 도망 나간 아이가 주머니 속에 어머니의 사진이나 머리카락을 가지고 다니는 것처럼, 일요일 준수는 카톨릭교회를 버리고 떠난 모든 비 카톨릭교회들로 하여금 어머니 교회인 카톨릭교회를 생각나게 만드는 것이다"(The Faith of Millions, 1956)

◈ "이성과 지성은 우리들에게 둘 중 하나를 선택하도록 요구한다. 그것은 토요일을 거룩히 지키는 개신교인이 되거나 아니면 일요일을 거룩히 지키는 천주교인이 되거나이다. 그 외의 어떤 타협도 있을 수 없다"(James Cardinal Gibbons, Catholic Mirror, Dec. 23, 1893).

대주교인 C.F. Thomas는 "물론, 안식일은 우리들에 의해서 변경되었다. 이러한 카톨릭교회의 행위는 종교적인 문제에 있어서 교회의 권세와 권위를 상징하는 표(Mark)이다"라고 공언합니다. 짐승(카톨릭)의 권위와 권세를 상징하는 표가 "일요일성수"라고 스스로 말하고 있는 것입니다.

개신교회는 이 문제에 대해 어떻게 생각하고 있을까요? 다음에 소개할 인용구절들은 개신교회 내의 가장 권위 있는 대변인들의 글입니다.

|장로교회|

"어떤 사람들은 사도들이 그러한 명령을 전혀 한 적이 없음에도 불구하고, 사도들의 명령이라며 일요일 준수 전통을 세우려고 노력하고 있다. … 우리가 성경을 최상의 권위로 인정한다면, 안식일 준수자들이 진리 위에 있다는 사실을 인정할 수밖에 없다"(Christian at work, Apr. 19, 1883).

"안식일은 십계명 중의 한 부분이다. 이 사실은 그 자체만으로써 이미 이 제도의 영구불변성에 대한 의문에 종지부를 짓는 것이다. … 그러므로 이 도덕률 전체가 무효화 되었다는 것을 증명할 수 있을 때까지는 안식일은 여전히 유효할 것이다. 예수님의 교훈도 역시 안식일의 영구성을 확증하고 있다"(T. C. Blake, D.D., Theology Condenced, pp.474,475).

"우리는 예수님의 초림이 우리를 율법의 권위로부터 자유케 한다고 절대로 생각지 말아야 하는데 그 율법은 헌신적이고 경건한 생애의 영원한 법칙이기 때문에 하나님의 공의가 불변하는 것처럼 변할 수 없으며 계속적이고 동일하게 수호되어져야 한다"(John Calvin, Commentary on a Harmony of the Gospels, Vol. 1, 277).

|감리교회|

"유아 세례에 대한 분명한 성경적 확실성이 없으며 … 주일 중 첫째 날을 거룩하게 지키는 것에 대한 어떠한 성경적 근거도 없다"(감리교회 신학 개요, Theological Compend, Binney, p.181).

"그리스도인들로 하여금 일요일을 지키라든지 또는 유대인의 안식일을 일요일로 옮기라고 지시한 구절은 한군데도 없다"(Harris Franklin Rall, Christian Advocate. 6. 2, 1942).

|그리스도제자교회|
"창조가 다시 이루어지지 않는 한 안식일은 변경될 수 없다. 안식일이 일곱째 날에서 첫째 날로 변경되었다고 말하는 것은 모조리 허황된 이야기다. 만일 누군가 때와 법을 변경했다면 나는 그의 이름을 적그리스도라고 당당히 말한다"(알렉산더 캠벨, The Christian Baptist, Feb.2, 1824, Vol.1 No. 7).

|회중교회|
"아무리 우리가 일요일을 엄숙하고 굳건하게 지킨다고 하여도, 우리는 안식일을 지키는 것이 아니다. 안식일은 특별하고 거룩한 계명으로 십계명에 기록되어 있다. 일요일을 준수하면서 계명을 지킨다고 내세울 수 없다"(Ten Commandments, W.D. 데일 박사).

"신약성경에는 첫째 날(일요일)에 대한 아무 규례가 없다는 것을 실토하지 않을 수 없다"(Buck's Theological Ditionary, p.403).

"성경상에는 주일 중 첫째 날을 그리스도인의 안식일로써 지키라는 명령이 우리에게 주어지지 않았다"(Orin Fowler, A.M., Mode & Subjects of Baptism).

"그리스도와 그의 사도들이 그들의 권위로 일곱째 날을 첫째 날로 대체했다는 현세의 관념은 성경상 전혀 근거가 없는 것이다"(Dr. Lyman Abbott, Christian Union, 1. 19, 1882).

"소위 그리스도인 안식일은(일요일) 성경적이 아니며, 초대교회 당시에도 안식일로 물려지지 않았다"(Dwight's Theology, Vol. 4, p.401).

|루터교회|
"주일(일요일)의 준수에 대한 내용을 하나님의 계명에서 발견할 수 없다. 그것은 다만 교회의 권위에 의해서 세워진 것이다"(Augsburg Confession of Faith).

"그들은(천주교회) 성경과는 반대로 안식일이 일요일, 즉 주일로 변경되었다고 주장하는데, 안식일을 바꿔버린 것보다 더 참람된 교만은 찾아볼 수 없다. 그들이 말하는 것처럼 십계명의 하나를 삭제해 버리기로 할 만큼 그 교회의 권위와 세력은 대단하다"(마르틴 루터, Augsburg Confession of Faith, Art. 28, Par. 9).

|감독교회|
"모든 다른 축제처럼, 태양일 축제(일요일, festival of Sunday)도 인간이 고안해낸 것이다. 그것은 사도들의 거룩한 명령과는 전혀 상관없는 것이며, 초기 기독교회가 안식일의 법을 일요일로 옮김으로써 생겨난 것이다"(the History of Christian Religion and Church, p.187, 감독교회의 대변인 닌덜).

|크리스찬교|
"일요일을 주일로 재정한다는 성경상의 직접적인 당위성은 아무데서도 찾아볼 수 없다"(Dr. D. H. Lucas, Christian Oracle, Jan. 23, 1890).

"주일 중 첫날을 보통 안식일이라고 부르는데, 이것은 잘못이다. … 주일 중 첫날을 안식일이라고 부른 것은 성경 전체를 통하여 한 곳도 없다. 뿐만 아니라 안식일을 변경한 것에 대해 이런저런 말을 하는 것도 옳지 않다. 왜냐하면 안식일이 토요일에서 일요일로 변경된 적이 성경에는 결코 없기 때문이다. 성경에는 어느 곳에도 그러한 변경을 암시한 곳이 전혀 없다"(첫째 날 준수, pp.17,19).

"하나님의 말씀에 의한 안식일을 버리고 일요일을 거룩한 날로 제정함으로써 사실상 넷째 계명을 파기해 버린 것이다"(Dr. N, Summerbell, 기독 교회사, 제3판, p.415).

| 성공회

"일요일은 로마의 태양일인데, 이는 이 날이 태양신 숭배를 위해 바쳐진 날이기 때문이다. 〈태양〉은 라틴예배 형식에 있어서 〈의의 태양〉으로 받아 들여졌으나 신약 성경상 예배일로 지키라는 아무런 규정이 없으며, 그것을 지키라고 명해진 적도 결코 없다"(Schaff Herzog, Encyclopaedia of Religious Knowledge, 1891 Edition, Vol. 4, Art. Sunday).

"첫 3세기 동안의 기독교 저술가 중 어느 누구도 일요일 준수의 기원이 그리스도나 그분의 사도들에 의해서라고 말하지 않는다"(Sir William Domville, Examination of the Six Texts, pp.6,7. Supplement).

"신약 성경상에서는 일요일에 일하지 않았다는 아무런 언급이나 암시도 찾아볼 수 없고, 일요일 휴일화에 대한 어떤 신성한 규정도 없으며, 그 외 성회례(수난 주일의 첫날로서 머리 위에 재를 뿌리는 관습 – 역자 주), 수요일 및 사순절 등도 일요일 준수와 마찬가지로 전혀 근거 없는 전통일 뿐이다"(Canon Eyton, The Ten Commandments, pp.52,63,65).

"신약성경 중에서 매주의 휴일을 토요일에서 일요일로 바꾼다는 명령이 있는가? 아니, 전혀 없다"(그리스도인 교리 요람. p.127).

|백과사전|
"일요일이란 것은 이방인들이 주중 첫째 날에 붙인 이름인데, 왜냐하면 그것은 그들이 태양을 숭배하던 날이었기 때문이다. … 제 칠일은 하나님께서 친히 거룩하게 하시고 복 주신 날이다. … 그러므로 그분은 그분의 모든 피조물들이 그날을 거룩히 지키기를 요구하신다. 이 계명은 전 우주적이며 영구적인 의무이다. 창조주께서 「일곱 째 날을 복주사」라고 말씀하신 것은 그날이 다른 어떤 날보다도 뛰어난 날이며 그분의 특별한 사랑이 함께 하는 날임을 의미한다. … 그렇다면 사람과 그를 둘러싼 세계가 존재하는 한 초기 안식일 계명도 역시 존재하는 것이다"(Eadie s Biblical Cyclopaedia, 1872 Edition. p.561).

"소크라테스의 사적으로부터 알 수 있는 것은 그 시대의 공중예배는 토, 일 양일에 콘스탄틴노플에 있는 교회들에서 행해졌다. … 그리스도인의 안식일이 주중 제 칠일에서부터 제일일로 옮겨져서, 제일일이 그리스도인의 주일 혹은 일요일이라고 하는 식의 표현은 훨씬 후에 가서야 사람들의 입술에 오르내리게 되었다. … 일요일을 법적인 휴일로 지키게 된 최초의 공인은 주후 321년 콘스탄틴 황제의 칙령에 의해서이며, 이로 인해 모든 법정, 주민, 상점들이 일요일에는 쉬되 농업에 종사하는 사람들에게는 예외를 허용하였다. 또 주후 363년에 있었던 라오디게아 종교회의는 … 그리스도인들로 하여금 주일(일요일)을 지키도록 강권하였으며, 그 이후 그리스도인들은 이 제도를 고수해 왔다"(Encyclopaedia Britannica, 1899 Edition, Vol. XXIII p.654).

"종교적이거나 국가적이거나를 막론하고 일요일을 안식일로 지키도록 법제화한 최초의 법령은 의심할 여지없이 주후 321년 콘스탄틴 칙령에 의한 법령이다"(Chamber's Encyclopaedia, Article "Sunday").

|역사적 고찰|

"콘스탄틴은 일요일 준수를 위한 첫 번째 법령을 만든 사람인데, 그는 로마 제국 전체를 통하여 정규적으로 축하되어야 되는 날로서 일요일을 지정하였다"(Britannica encyclopedia).

"미뜨라 신은 '무적의 태양'이고, 태양은 '충성스런 별'이었기 때문에, 미뜨라 교도들은 지상에서 미뜨라 신의 대리자로서 일할 수 있는 왕을 찾게 되었다. … 그들의 눈에는 로마 황제야말로 그들이 찾는 참된 왕으로 보였다. 그리스도 교회와 날카로운 대립 관계에 있던 미뜨라 교도들에게 있어서, 로마 황제는 거룩한 신의 은총을 지닌 자로 생각되었기 때문에, 군대와 민간 기관에서 일하고자 하는 미뜨라 교도들의 지원이 넘쳤다. … 이러한 분위기는 그리스도 교계로 하여금 안식일 대신에 일요일을 지키며, 태양의 출생일인 12월 25일을 준수할 것에 대한 미뜨라 교도들의 요구를 받아들이도록 만들었다"(History of Christianity in the Light of Modern Knowledge, 영국 옥스포드 대학의 헬라어 교수인 길버트 머레이 박사).

"이방인들은 태양을 숭배하는 우상 숭배자였는데, 그들에게 있어서 일요일은 가장 거룩한 날이었다. 그들에게 접근하기 위해서, 교회는 일요일을 쉬는 날로 만드는 것이 필요하고도 당연한 일이 되었다. 이러한 상황에서, 교회는 이방인들의 예배일을 그리스도 교회의 예배일로 채택하던지, 아니면 이방인들로 하여금 예배일을 안식일로 바꾸도록 해야만 하였다. 교회가 이방인들로 하여금 자신들의 예배일을 안식일로 바꾸도록 만드는 것은, 이방인들을 공격하는 일이 될 뿐 아니라, 교회 자신에게도 거침돌이 되는 일이었다. 교회는 이방인들이 자신들의 예배일을 그대로 지킬 수 있도록 허용함으로써, 좀 더 자연스럽게 그들에게 접근할 수 있었다"(Sunday and Christian Sabbath, p.169, 윌리암 프레드릭 박사, The North British Review, Vol. XVIII, p.409).

"이 불명확한 시기 동안에 일종의 신정제도 같은 관념이 당시 그리스도인 사회와 거의 맞먹을 정도로 인기 있고 널리 알려졌던 이교 다신주의 집단 및 세라피스-이시스-호러스(생산이나 힘을 상징하는 소와 태양을 숭배하는 애굽의 다신교의 일종-역자 주) 무리들 사이에 상당히 혼합되어 있었던 것 같다. 전술한 그런 이교주의로부터 도래된 일요일을 그리스도인들은 안식일 대신 그들의 중점적인 예배일로 받아들인 것 같다"(H. G. Wells, The Outline of History(New & Revised), p.543).

"맨 처음에 안식일을 대치하는 일은 복종을 강요하는 어떤 급격한 사건으로 갑자기 일어난 것이 아니라 매우 서서히 발전해 갔으며, 거의 아무도 기대하지 못한 채, 그 일을 주동하여 추진한 사람들조차도 의식하지 못하는 사이에 서서히 잠입하게 되었다는 것을 기억해야 할 것이다"(William B. Dana, A Day of Rest & Worship, p.174).

"우리는 안식일은 하나님께서 인류에게 주신 선물이라는 사실을 기억해야만 한다. 우리가 일곱째 날 대신에 첫째 날을 지키는 이유는 어떤 계명에 근거한 것이 아니다. 안식일이 일곱째 날에서 첫째 날로 변경되었다는 것을 성경에서 찾으려고 하는 사람은 자신의 노력이 헛되다는 사실을 깨닫게 될 것이다. 일요일 예배 전통은 국가가 일요일을 법적 휴일인 휴식의 날로 정함으로써 시작되었는데, A.D. 321년에 이러한 사건이 발생되었다. 그러므로 그리스도인의 안식일은 명백한 계명에 근거해서 준수되고 있는 것이 아니다"(Ten Rules For Living, 클로비스 차펠).

천주교회의 영세를 받기 위해 공부하는 교리 문답집에 있는 10계명과, 성경에 기록되어 있는 10계명의 내용이 다른 것을 당신은 알고 있습니까? 천주교회의 교리 문답집에는 둘째 계명이 빠져 있습니다. 그것은 그들이 많은 우상들을 교회 안에 갖다 놓았기 때문입니다. 그들은 거기에 경배하고 입을 맞추고 있습니다. 그래서 둘째 계명이 빠졌으므로 열 번째 계명을 둘로 나누어서 모자라는 한 계명을 채워 놓았고, 넷째 계명을 "주일을 지키고"라고 변경해 놓았습니다.

또 이 세력이 한때, 두 때, 반 때, 즉 3년 반 동안 세상을 지배할 것이라고 말하고 있습니다. 중세기에 있었던 1260년 동안의 핍박 기간이 성경에 벌써 예언되어 있었던 것입니다.

그런데 문제는 여기서 그치지 않습니다. 요한 계시록에서 밝히고 있는 "짐승"의 세력은 교황권이며 그들은 곧 "짐승의 표"를 세상에 강요할 것입니다. 모든 영혼들에게 시험이 닥쳐올 시간은 머지않았고, 우리는 거짓 안식일(일요일)을 준수하도록 강요당할 것입니다. 한걸음 한걸음씩 세상의 요구에 양보하고 습관에 순응해 온 자들은 조소와 모욕과 위협적인 투옥과 죽음을 당하기보다는 오히려 권력에 굴복하는 것이 어려운 문제가 아님을 그때 가서 알게 될 것입니다.

당신은 누구의 권위에 굴복할 것입니까? 하나님의 권위에 굴복할 것입니까? 아니면 인간과 교회의 권위에 굴복할 것입니까? 누구에게 순종할 것인가 하는 투쟁이 곧 일어나게 될 것입니다.

13. 구약시대에 안식일과 모든 절기는 폐했는가

> "내가 그 모든 희락과 절기와 월삭과 안식일과 모든 명절을 폐하겠고" (호 2:11).

우리가 잘 아는 음탕한 아내 고멜의 이야기가 호세아서에 나옵니다. 호세아와 고멜의 이야기를 통해 고멜처럼 음탕한 우리의 모습과 우리를 기다리는 하나님의 심정을 잘 묘사해 주고 있습니다.

당시에는 고멜의 모습을 통해 북방 이스라엘이 하나님을 얼마나 떠나 있는 상태인지 보여주고 있습니다. 호세아 2:1~7절은 고멜의 부정을 8~13절은 이스라엘의 우상숭배를 견책하고 있습니다. 우상숭배를 고수하면서 여호와를 경배하는 형식을 가지고 있는 것은 헛일이고 결국 재앙으로 끝날 것을 경고하고 있습니다.

이런 북방 이스라엘의 죄악에 대해 식량과 옷을 다 빼앗을 것이며 그런 와중에도 건져줄 사람이 없을 것이며(9,10절), 그리고 "그 모든 희락과 절기와 월삭과 안식일과 모든 명절을 폐하겠"(호 2:11)다고 말씀하신 것입니다.

"희락"을 어떻게 폐하겠습니까? 다른 번역본들에서는 기쁨, 즐거움, 환희 등으로 돼 있습니다. 혹자는 그리스도가 오셔서 절기와 안식일을 폐하는 예언이라고 말하기도 합니다. 그렇다면 그리스도의 초림으로 희락, 즐거움, 기쁨도 폐해져야 할까요?

4복음서를 한 번만 읽어본다면, 유월절을 비롯한 모든 절기들은 예수님 당시까지 유지되고 지켜져 왔음을 알 수 있습니다.

"너희의 아는 바와 같이 이틀을 지나면 유월절이라 인자가 십자가에 못 박히기 위하여 팔리우리라 하시더라"(마 26:2).

"무교절의 첫날에 제자들이 예수께 나아와서 가로되 유월절 잡수실 것을 우리가 어디서 예비하기를 원하시나이까"(마 26:17).

"예수께서 그 자라나신 곳 나사렛에 이르사 안식일에 늘 하시던 대로 회당에 들어가사 성경을 읽으려고 서시매"(눅 4:16).

구약시대에 이미 폐한 것이라면 예수님 당시에도 이미 폐해져서 사라졌어야 하는데, 여전히 안식일을 지키시는 예수님의 모습을 볼 수 있습니다.

그러므로 이 구절은 B.C. 722/723년에 북방 이스라엘이 앗시리아에게 완전히 멸망당하여 모든 주권을 잃어버리고 기쁨과 절기와 안식일과 명절이 폐해지게 될 것을 예언하는 표현이지 안식일의 폐지를 말하는 것이 아닙니다. 그것은 마치 "대한민국이 완전히 멸망하게 되어 모든 기쁨과 즐거움이 사라지고, 설날이나 추석과 같은 명절과 광복절 같은 기념을 지키지 못하게 될 것이다."라고 표현하는 것과 같은 것입니다.

제3장
신약
Sabbath

일점일획도 없어지지 않음
AD 70년
사람을 위한 날, 안식일의 주인
예수님의 규례
질문 1 : 안식일은 일하는 날이다?
질문 2 : 새 계명이란 무엇인가?
사랑과 순종
질문 3 : 일요일에 모여 예배드렸다?
초대교회
질문 4 : 안식일은 멍에(?)
회당 없는 곳
바울의 규례
질문 5 : 일요일 예배의 근거?
바울의 마지막 호소

질문 6 : 아무 날이나 지키면 된다?
질문 7 : '매주일 첫날(일요일)'에 헌금?
질문 8 : 안식일을 지키는 것은 헛되다?
질문 9 : 계명은 폐했다?
질문 10 : 안식일은 그림자일 뿐이다?
순종의 표
주안에 거하는 방법
하나님을 사랑하는 방법
주의 날
하나님을 경배하는 이유
아마겟돈 전쟁
복음과 심판
승리하는 그리스도인

---

3 Sabbath
신약

1. 일점일획도 없어지지 않음

> "내가 율법이나 선지자나 폐하러 온 줄로 생각지 말라 폐하러 온 것이 아니요 완전케 하려 함이로다 진실로 너희에게 이르노니 천지가 없어지기 전에는 율법의 일점일획이라도 반드시 없어지지 아니하고 다 이루리라"
> (마 5:17,18).

예수님은 유대 관원들과 안식일 논쟁을 여러 차례 하셨지만, 그 논쟁의 내용은 '안식일을 어느 날 지킬 것이냐' '안식일을 지켜야 하느냐 말아야 하느냐'가 아니라 안식일을 지키는 정신에 관한 것이었습니다 (마 12장).

요한 웨슬리는 다음과 같이 말합니다. "도덕적 율법(십계명)을 예수님은 폐하지 않으셨다. 이 가운데 어떤 것을 폐지하는 것이 그분께서 오신 목적이 아니었다. … 이 율법의 모든 부분은 모든 세대 모든 인류에게 유효하다"(John Wesley, "Upon Our Lord's Sermon on the Mount", Discourse 5, in Works, Vol. 5(1829 ed.), pp.311,312).

어떤 이들은 다른 아홉 계명은 여전히 유효하고 유독 안식일 한 계명만은 폐지되었다고 하는데, 예수님의 말씀과는 너무도 모순되는 주장입니다. 예수님은 율법의 일점일획이라도(마 5:18) 변경하실 수 없기 때문에 하나님의 공의(죄의 삯은 사망)에 의해 인류 대신 십자가에 달려 돌아가셨습니다. 예수님의 죽으심은 우리가 하나님의 율법을 어떻게까지 지켜야 하는지를 보여줍니다. 많은 사람은 십자가를 이제 죄를 지어도 되는 '면허증'이나 또는 죄를 짓고 난 후 '괴로운 양심을 달래주는 도구' 정도로 취급하고 있습니다.

예수님이 십자가에서 돌아가셨기 때문에 이제 우리는 계명을 안 지켜도 그저 믿으면(?) 구원받는다고 생각하는 사람들이 꽤 많음을 보게 됩니다.

물론 율법의 행위로는 구원 얻을 수 없습니다. 사도 바울은 율법을 몽학선생이라 하였습니다. 몽학선생은 참 선생님에게 인도해 주는 역할을 합니다. 그것은 "내가 죄를 범했구나"를 깨닫게 해 주고 "나는 죄인"임을 자각하면서 "저희 죄에서 구원할 자"(마 1:21)이신 구세주께로 인도하는 것입니다. 법이 없으면 범죄가 성립되지 않습니다.

그런데 죄인이 그리스도께 간 후 그 다음은 어떻게 될까요? 구원을 만끽하며 "부어라 마셔라" 즐기면 되나요? 그리스도의 희생을 통해 새 언약 관계에 들어간 사람은 하나님의 법이 그 마음에 새겨져 계명을 지키는 것은 자연스런 삶의 일부분이 되는 것입니다. 아내를 사랑하기 위해 "오늘은 간음하지 말아야지" 하고 아침마다 결심하지 않는 것처럼, 그 원칙이 그 사랑의 율법이 마음에 새겨져 하나님의 뜻대로 사는 것입니다.

안식일에 대해 논하다보면 많은 사람들이 내가 하는 것은 "순종"이고 남이 하는 것은 "율법주의"라는 편견을 가지고 있는 것을 종종 보게 됩니다. 〈안식일을 지키는 것 = 율법주의 = 행함으로 말미암는 의〉, 그렇다면 〈간음하지 않는 것 = 율법주의 = 행함으로 말미암는 의?〉 그러면 율법주의가 되지 않기 위해 오늘 밤 부터 죄를 지으면서 살까요? 하나님의 뜻대로 살기 위해 힘쓰는 것을 율법주의라고 한다면, "나는 구원받았기 때문에 내 맘대로 살겠다"라고 하는 것이 정상적인 그리스도인 생활이라고 볼 수 있겠습니까?

어떤 사람들은 "안식일을 준수하는 것은 유대교의 율법주의를 따르는 것이다"고 비평합니다. 안식일은 유대인의 안식일이고, 일요일은 그리스도인의 성일이라는 잘못된 전제에 기초한 것이지요. 안식일을 지키는 사람은 모두 율법주의자가 되는 셈인데, 이러한 단정은 두 개의 전제로부터 하나의 결론을 이끌어 내는 추리 논법인 삼단논법을 잘못 적용한 결과입니다. 즉,

대전제: 그리스도 당시의 바리새인들은 행함으로 구원을 얻으려는 율법주의자였다.
소전제: 바리새인들은 모두 철저한 안식일 준수자였다.
결 론: 그러므로 오늘날도 안식일을 철저히 준수하는 사람들은 바리새인들과 같은 율법주의자이다.

만약 이와 같은 잘못된 논리 전개가 사실이라면 걷잡을 수 없는 엉뚱한 결론들이 속출하게 됩니다. 복음서에 보면 바리새인들은 안식일 이외에도 십일조, 헌금, 구제, 금식기도 등에도 철저한 사람들이었습니다(눅 18:11,12). 그렇다면 다음과 같은 논리가 전개될 수 있습니다.

대전제: 그리스도 당시의 바리새인들은 율법주의자였다.
소전제: 당시의 바리새인들은 철저한 십일조와 헌금, 구제, 금식기도를 실천했다.
결 론: 그러므로 오늘날도 십일조와 헌금 구제 및 금식 기도를 하는 사람들은 바리새인들과 같은 율법주의자이다.

십계명을 준수함으로 율법주의자가 되는 것이 아닙니다. 우리는 다섯째 계명에 따라 부모를 공경하는 사람, 여덟째 계명대로 도적질하지 않는 사람, 둘째 계명을 범하지 않으려고 신사참배를 거절함으로 목숨까지 빼앗긴 순교자들을 율법주의자라고 비난하지 않습니다. 그렇다면, 넷째 계명에 따라 성경적인 제칠일 안식일을 준수하는 사람들만 율법주의자가 되는 것일까요?

율법주의란 율법을 지킨 자신의 선행을 의로 삼아 스스로 구원을 이루려는 사람들입니다. 그리스도인은 율법주의자가 되어서는 안 되는 것만큼이나, "무법한 자"(벧후 2:7, 3:17), 혹은 "불법을 행하는 자"(마 7:23, 13:41; 딤전 1:8,9)가 되어서는 안 됩니다. 그들 역시 율법주의자와 마찬가지로 하나님 나라의 시민이 될 수 없습니다(마 7:23; 벧후 3:17; 살후 2:3,7,8).

신약 45

율법주의냐 아니냐는 드러난 행함으로 판단할 수 있는 것이 아니라 마음의 동기를 보아야 합니다. "구원받기 위하여" 하나님의 계명을 지키는 사람인가? "구원을 감사하여" 하나님의 계명을 지키는 사람인가? 그것은 하나님만이 정확히 보실 수 있는 것입니다. 그래서 인간은 함부로 자신의 기준을 잣대로 사용해서는 안 됩니다. 엉뚱한 질문이지만 당신은, "창조"되었기 때문에 하나님께 "예배"를 드리십니까? 하나님께 "예배"드려서 "창조"되시려고 합니까? 계명을 지켜서 의로워지려는 노력은 이와 같은 것입니다.

십자가는 모든 인류에게 주시는 선물입니다. 십자가의 은혜로 구원받은 사람은 하나님을 사랑하게 되며 그 뜻대로 살고 싶은 갈망이 넘치는 것입니다. 만약 하나님의 뜻대로 사는 것이 멍에이고 힘들다면, 율법주의냐를 논하기 전에 당신은 그리스도인이 아니라는 것을 기억하시기 바랍니다. 주께서 무엇을 요구하시던지 즐겨 순종하기를 원하는 사람, 하나님을 최우선으로 삼고 목숨도 아끼지 않을 사람을 하나님은 찾으십니다.

"행함이 없는 믿음은 그 자체가 죽은 것"입니다(약 2:17). 여기서 행함을 그저 하면 좋은 것이고 안 해도 괜찮은 뭐 그런 거라고 생각하십니까? 적당히 방탕한 생활을 즐기면서 마음의 주인이 예수님 반, 세상 반 그렇게? 물론 아니지요. 그러나 행함은 언제나 그리스도의 사랑에 대한 반응으로 뒤에 따라오는 것이 되어야 합니다. 그것을 앞세우면 율법주의가 되겠지요. 우리의 급선무는 하나님이 얼마나 나를 사랑하셨는지 아는 것입니다.

"예수께서 대답하시되 진실로 진실로 너희에게 이르노니 죄를 범하는 자마다 죄의 종이라"(요 8:34).

"우리가 알거니와 우리 옛 사람이 예수와 함께 십자가에 못 박힌 것은 죄의 몸이 멸하여 다시는 우리가 죄에게 종노릇하지 아니하려 함이니"(롬 6:6).

"너희 자신을 종으로 드려 누구에게 순종하든지 그 순종함을 받는 자의 종이 되는 줄을 너희가 알지 못하느냐 혹은 죄의 종으로 사망에 이르고 순종의 종으로 의에 이르느니라"(롬 6:16).

2. AD 70년

> "너희의 도망하는 일이 겨울에나 안식일에 되지 않도록 기도하라"
> (마 24:20).

서기 31년 십자가에 달리시던 마지막 주간에 감람산에서 행하신 고별설교에서, 그리스도를 거절한 예루살렘의 운명을 미리 내다보시며 AD 70년에 로마 장군 타이터스(Titus)에 의하여 멸망하게 될 것을 예언하시는 장면입니다.

예고된 예루살렘의 멸망은 불가피할지라도(단 9:26), 그리스도인들이 찬비가 내리는 음산한 팔레스틴의 겨울에 불어난 요단강을 건너 피난하는 어려움과 함께, 거룩한 안식일에 피난하는 일이 없도록 미리 기도드리라는 간곡한 말씀입니다. 그리스도인들이 도망하는 일은 예루살렘 멸망 3년 반 전인 AD 66년 10월 후반에 일어났습니다.

과연 예언 그대로 서기 70년 9월 로마군에 의한 오랜 포위 끝에 예루살렘은 함락되어 100여만 명이 기근과 칼로 죽임을 당하는 대 파멸을 겪었습니다(Josephus, The Wars of the Jews Book V. ch II-Book VI. ch X). 십자가 이후 거의 40년만인 서기 70년에 있을 예루살렘의 대파멸과 같은 극한 상황에서도, 기억하여 거룩히 지켜야할 안식일임이 주님에 의하여 확인되었습니다.

3. 사람을 위한 날 / 안식일의 주인

> "또 가라사대 안식일은 사람을 위하여 있는 것이요 사람이 안식일을 위하여 있는 것이 아니니"(막 2:27).

이 말씀의 본뜻은 무엇입니까? 안식일이 사람을 위하여 있는 것이니 사람의 형편에 맞추어 안 지켜도 되고 아무 날이나 지켜도 된다는 것입니까? 성경이 사람을 위해 존재하지만, 사람의 형편에 따라 성경을 마음대로 변경하지 않듯이, 사람을 위해 안식일이 있다고 해서 안식일을 변경하라는 말이 아닙니다. 안식일은 사람의 행복과 하나님과의 올바른 관계를 유지하기 위해 있는 것이니, 짐스럽게 생각하지 말고 즐겁고 존귀하게 지키라는 말씀입니다.

> "이러므로 인자는 안식일에도 주인이니라"(막 2:28).

창조는 성부하나님 홀로의 사역이 아니라 성부, 성자, 성령의 사역이지요. 안식일을 만드신 분은 예수님 자신입니다. 그분이 안식일의 주인이시라면, 안식일은 주님의 날, 주의 날입니다. 안식일은 성경에서 하나님에 의해 제정된 유일한 날입니다. 하나님께서는 안식일을 "여호와의 안식일"(출 20:10), "내 안식일"(레 19:30), "나의 거룩한 안식일"(사 58:13)이라고 말씀하셨습니다.

웨슬리는 다음과 같이 선언하였습니다. "안식일은 하나님의 날이다. 그분께서는 세상이 시작될 때부터 그 날을 당신 자신의 것이라고 항상 주장하셨다. 그분께서 그 날을 거룩하게 하셨다. 그분께서는 사람들이 당신께 봉사하도록 그 날을 예비해 두셨다. 그분께서는 태양이나 달, 우주가 존속되는 한, 인간들이 '그들에게 생명과 만물을 주신' 하나님을 예배하는 날로 보내도록 지정하셨다"(John Wesley, "A Word to a Sabbath-Breaker", in Works, Vol.11(1830 ed.), p166).

4. 예수님의 규례

"예수께서 그 자라나신 곳 나사렛에 이르사 안식일에 자기 규례대로 회당에 들어가사 성경을 읽으려고 서시매"(눅 4:16).

규례(Custom)의 뜻을 잘 아시지요? 표준/공동번역: "늘 하시던 대로", 현대어/현대인: "전에 하시던 대로" 예수님의 평생의 습관이었습니다.

5. 안식일은 일하는 날이다?

"예수께서 진흙을 이겨 눈을 뜨게 하신 날은 안식일이라 그러므로 바

> 리새인들도 그 어떻게 보게 된 것을 물으니 가로되 그 사람이 진흙을 내 눈에 바르매 내가 씻고 보나이다 하니 바리새인 중에 혹은 말하되 이 사람이 안식일을 지키지 아니하니 하나님께로서 온 자가 아니라 하며 혹은 말하되 죄인으로서 어떻게 이러한 표적을 행하겠느냐 하여 피차 쟁론이 되었더니"(요 9:14-16).

이 말씀뿐만 아니라 예수님께서 안식일에 일하신 기사는 복음서에 약 8번 이상 더 나옵니다. 예수께서는 의도적으로 안식일에 병 고치는 일을 하셨습니다. 안식일은 죄로 말미암아 병들고 신음하는 인간들에게 소생함을 주는 날이기도 합니다. 예수께서 병을 치료하실 때에는 언제나 육신의 건강과 함께 영적인 삶을 소생시켜 주셨습니다. 이러한 의미에서 그리스도인들이 안식일에 다른 사람들의 영육 간의 소생함을 위하여 봉사하는 일은 합당한 것입니다. 안식일은 자신의 영육 회복을 도모하며 타인의 영육 회복을 위하여 봉사하는 시간입니다. "사람이 … 안식일에 선을 행하는 것이 옳으니라"(마 12:12).

하나님께서 안식일에 일하지 않으신다면 이 지구가 어떻게 될까요? 아니 지구뿐 아니라 온 우주는 파괴되고 말 것입니다. 하나님은 안식일에도 우주를 운행하시는 손을 멈추지 않으십니다. 바리새인들은 안식일의 정신은 무시한 채 율법주의적인 짐으로 사람들을 힘들게 했습니다. 예수님은 이 귀하고 복된 안식일의 정신이 무엇인지 회복해 주셨습니다.

그런데 참 안식일의 의미를 회복하시면서 그날을 폐하셨나요? 예수님이 안식일에 사람을 위하여 봉사하는 것이 안식일 예배를 폐하는 의미인가요? 아니면, 바리새인처럼 말고 예수님처럼 안시일을 지키라는 의미인가요?

6. 새 계명이란 무엇인가?

> "새 계명을 너희에게 주노니 서로 사랑하라 내가 너희를 사랑한 것 같이 너희도 서로 사랑하라"(요 13:34).

사도 요한은 "이제 네게 구하노니 서로 사랑하자"고 권면한 후, 곧 "이는 새 계명같이 네게 쓰는 것이 아니요 오직 처음부터 우리가 가진 것이라 또 사랑은 이것이니 우리가 그 계명을 좇아 행하는 것이요 계명은 이것이니 너희가 처음부터 들은 바와 같이 그 가운데서 행하라 하심이라"(요이 1:5,6)고 말합니다.

목숨을 다하여 하나님을 사랑하라고 하신 것이나 네 이웃을 네 몸과 같이 사랑하라고 하신 말씀은 이미 신명기 6:5절과 레위기 19:18절에 나왔던 계명입니다. 그것은 결코 새 계명이 아닙니다. 유대인들이 사랑 없이 율법의 문자만 지키고 있었기 때문에 예수님께서는 사랑하라는 계명을 재차 반복해 주신 것입니다. 더구나 "사랑만 하면 된다"는 것은 전혀 예수님이 의도하신 바가 아닙니다. 요한복음 14:15절에서는 "너희가 나를 사랑하면 나의 계명을 지키리라"고 말씀하십니다.

7. 사랑과 순종

> "너희가 나를 사랑하면 나의 계명을 지키리라"(요 14:15).
> "나의 계명을 가지고 지키는 자라야 나를 사랑하는 자니 나를 사랑하는 자는 내 아버지께 사랑을 받을 것이요 나도 그를 사랑하여 그에게 나를 나타내리라"(요 14:21).

어떤 이들은 우리가 은혜 아래 있기 때문에 더 이상 십계명을 준수할 의무에서 벗어났다고 주장합니다. 그렇다면, 이러한 논리를 유추해 보시기 바랍니다. "우리는 율법에서 해방되었으므로 안식일을 안 지켜도 된다. 마찬가지로 간음해도 되며, 살인해도 된다." 이것이 율법 아래서 속량함 받은 사람의 삶입니까? 바울은 호소합니다. "형제들아 너희가 자유를 위하여 부르심을 입었으나 그러나 그 자유로 육체의 기회를 삼지 말고 오직 사랑으로 서로 종노릇 하라"(갈 5:13). "사무엘이 가로되 여호와께서 번제와 다른 제사를 그 목소리 순종하는 것을 좋아하심 같이 좋아하시겠나이까 순종이 제사보다 낫고 듣는 것이 수양의 기름보다 나으니"(삼상 15:22).

8. 일요일에 모여서 예배드렸다?

> "이 날 곧 안식 후 첫날 저녁 때에 제자들이 유대인들을 두려워하여 모인 곳에 문들을 닫았더니 예수께서 오사 가운데 서서 가라사대 너희에게 평강이 있을지어다"(요 20:19).

사실, 이때만 해도 제자들은 예수께서 부활하셨다는 사실을 믿지 않았습니다. 사도 요한은 모인 이유를 명백히 밝힙니다. "유대인들을 두려워하여" 예수께서 부활하심으로 무덤이 비게 되자, 유대지도자들은 제자들이 예수님의 시신을 훔쳐갔다고 고소하기 시작했는데 이런 상황은 그들에게 말할 수 없는 두려움을 주었습니다. 문을 걸어 잠그고 숨어 있는 모습을 상상해보세요. 이 모임은 부활을 기념하는 기쁨과 환희에 찬 분위기가 아니라 무섭고 두려우며 낙망과 불신이 가득한 모임이었습니다.

성경에서 부활을 이야기하는 어떤 부분에서도 그날을 거룩하게 준수하라는 암시가 전혀 없습니다. 부활 승천 이후 몇 해가 지난 다음에 복음서들이 기록되었기 때문에, 필요하다면 성령님께서 부활을 기념하기 위해 정기적으로 예배를 드리라는 지시는 내렸을 것입니다.

9. 초대교회

> "저희가 나갈새 사람들이 청하되 다음 안식일에도 이 말씀을 하라 하더라 폐회한 후에 유대인과 유대교에 입교한 경건한 사람들이 많이 바울과 바나바를 좇으니 두 사도가 더불어 말하고 항상 하나님의 은혜 가운데 있으라 권하니라 그 다음 안식일에는 온 성이 거의 다 하나님 말씀을 듣고자 하여 모이니 유대인들이 그 무리를 보고 시기가 가득하여 바울의 말한 것을 변박하고 비방하거늘"(행 13:42-45).

십자가 이후입니다. 바울이 안식일에 회당에서 말씀을 전했는데(행

13:14), 유대인의 회당에 들어가지 못한 이방인들이 "다음 안식일에"는 자기들에게 설교해 달라고 부탁했습니다. 그래서 "다음 안식일에" 이방인들에게 말씀을 전하고, 모인 이방인들에게 "항상 하나님의 은혜 가운데 있으라"고 격려하는데, 사탄은 안식일 준수자들에게 율법주의라는 딱지를 붙여줌으로써, 마치 안식일을 지키는 사람들은 복음의 은혜를 거절한 사람들인 것처럼 보이게 만들었습니다.

또 어떤 사람들은 바울이 유대인들을 전도하기 위해 회당에 갔다고 하지만 문맥이 전혀 그것을 뒷받침하지 않습니다. 회당 밖에서 이방인들에게 말씀을 전할 때 사람이 많이 모인 것을 보고 유대인들이 시기가 가득했다고 기록하고 있습니다. 이방인들에게 전도하는 이 중요한 자리에서 바울은 "이제 안식일이 폐지되었으니 다음 주 부턴 일요일에 모이시오"라고 해야 할 텐데 여전히 안식일에 말씀을 전하고 있지요. 그리고 상식적으로 바울을 죽이려고 눈여겨보던 유대인들이 바울이 안식일을 어기는 것을 보았다면 그를 가만 놔두었을까요?

10. 안식일은 멍에?

> "하나님을 시험하여 우리 조상과 우리도 능히 메지 못하던 멍에를 제자들의 목에 두려느냐"(행 15:10).

먼저 사도행전 15장 본문 전체를 살펴봐야 합니다. 바울과 바나바는 2년 동안 1차전도 여행 중에 많은 사람에게 복음을 전하고 예수 그리스도를 통해서만 구원받을 수 있음을 널리 가르쳤습니다. 그러나 "어떤 사람들이 유대로부터 내려와서 형제들을 가르치되 너희가 모세의 법대로 할례를 받지 아니하면 능히 구원을 얻지 못하리라"(행 15:1)하여 그들의 기쁨과 신앙에 찬물을 끼얹었습니다.

그들이 교회를 소란하게 했으므로 바울과 저들 사이에 많은 다툼과 변론이 일어났습니다(15:1-6). 안디옥교회는 이 문제를 해결하기 위해 바울과 바나바와 및 그중에 몇 사람을 택하여 예루살렘에 있는 장로들에게 파견하기로 했습니다. 예루살렘 교회는 이 문제를 해결하기 위해 즉시 총회를 소집했는데, 이것이 AD 49년경에 열렸던 예루살렘 총회입니다.

사도들의 전도로 복음을 받아들인 이방인 그리스도인들 때문에 야기된 교리적인 문제들이 다루어 졌습니다. 그때 유대인들에게만 해당되는 의식적인 율법인 할례문제는 "많은 변론이 있은 후에"(15:7) 폐지하기로 결의하였습니다(15:19-21). 그러나 더 큰 문제가 될 수 있었던 안식일 준수 여부는 거론도 되지 않았습니다. 그 이유는 부모를 공경해야 하는지 여부가 거론되지 아니한 이유와 같습니다. 의심의 여지가 없는 기정사실은 아예 취급하지도 않은 것입니다(15:5-11).

베드로가 이방인들을 전도했던 자기의 경험을 말하면서 "하나님을 시험하여 우리 조상과 우리도 능히 메지 못하던 멍에를 제자들의 목에 두려느냐"(15:10)고 역설합니다. 이와 같이 각종 제사 제도와 여러 가지 규율, 절기규칙들을 만들어 놓고 사람이 법을 위해 존재하는 것처럼 억압했음을 우리는 잘 알고 있습니다. 이 멍에가 십계명이라면 하나님께서 시내산에서 친히 돌비에 쓰신 십계명이 멍에라구요? 그러니까 고약한 하나님께서 사람들이 메지 못할 멍에를 주신 것이라는 말이 됩니다.

총회의 의장인 야고보가 마지막 결론을 내립니다. "그러므로 내 의견에는 이방인 중에서 하나님께로 돌아오는 자들을 괴롭게 말고 다만 우상의 더러운 것과 음행과 목매어 죽인 것과 피를 멀리하라"(15:19,20).

야고보의 권면을 다시 살펴볼 필요가 있습니다. "우상의 더러운 것, 음행, 목매어 죽인 것, 피를 멀리하라" 십계명 폐지론자들의 주장에 의하면 여기서 또 한 가지 충돌이 생기는데 십계명은 멍에이기 때문에 버리라고 주장하면서 새로운 네 가지의 율법이 탄생하는 순간입니다. 다시 말해 살인, 도적질, 거짓말, 하나님을 망령되이 일컫는 일 등 십계명은 안 지켜도 되는데, 여기 네 가지 율법은 지켜야 한다?

그런데 더 큰 문제는 여기서 끝나지 않습니다. 여기서 "우상의 더러운 것"이 무엇일까요? 우상숭배를 말하는 것이 아니라 우상에게 바쳐진 제물을 말합니다. 우상제물하면 생각나는 이야기가 있습니다. 바로 고전 8~10장에 우상에게 바쳐진 제물을 먹느냐 마느냐로 교회가 시끄러웠던 적이 있습니다. 그때 사도바울은 어떻게 권면했을까요?

고린도에는 아프로디테(Aphrodite) 여신을 섬기는 거대한 신전이 있었고 우상숭배의 중심은 역시 제물을 바치는 것이었습니다. 당시 이교의 신전에는 막대한 양의 제물들이 드려졌고 그것들은 다시 시장으로 나와 판매되었습니다. 그래서 문제가 생겼습니다. 시장에 나온 어떤 것이 우상에게 바쳐졌던 것인지 구분이 안 되기 때문에 성도들은 본의 아니게 이방 신에게 바쳐졌던 것을 사 먹게 될 가능성이 있었으며 이 일은 교인들 사이에서 양심상의 갈등을 가져왔습니다.

이교에서 들어온 이방인 그리스도인들은 제사 때에 우상에게 드려진 음식인 것을 기억하고는 그런 음식을 먹는 것은 나쁘다고 여겼습니다.

이제 그들이 비록 그리스도인이 되긴 했지만 그 음식을 먹는 것은 어쩐지 우상에게 충성을 바치는 것처럼 느꼈습니다. 그와 반대로 유대인 그리스도인들은 아무런 거리낌이 없다고 느꼈습니다.

바울은 이런 문제는 지식이 아니라 사랑으로 풀어야 한다고 권면하면서(고전 8:1), 우상은 아무것도 아니며 그것을 먹는다고 해서 더럽혀지거나 문제될 것은 없다고 말합니다(고전 8:4). 그러나 우상제물을 먹어도 괜찮다고 하는 이들에게 그것 때문에 신앙에 손해를 볼지도 모르는 사람들을 위해 먹지 말라고 권면합니다(고전 10:28,29). 음식 자체가 부정해서가 아니라 그것을 먹는 행위를 우상숭배라고 생각하고 상처를 받을 다른 사람들을 위해서 먹지 말라는 것입니다(고전 8:9,12,13).

이렇게 반문할 수 있습니다. 어찌하여 내 자유가 남의 양심으로 말미암아 제한을 받아야 합니까? 내가 하나님께 떳떳하면 됐지 굳이 남까지 신경 쓰면서 살아야 합니까? 이런 질문에 바울은 다음과 같이 대답하며 마무리 짓습니다. "나와 같이 모든 일에 모든 사람을 기쁘게 하여 나의 유익을 구치 아니하고 많은 사람의 유익을 구하여 저희로 구원을 얻게 하라"(고전 10:33). 내가 하나님 앞에 옳다 여길지라도 행여 그런 모습 때문에 상처받을 영혼을 생각한다면, "나는 영원히 고기를 먹지 아니하여 내 형제를 실족치 않게 하리라"(고전 8:13).

예루살렘 총회의 결론은, 기독교가 유대교의 속박에서 벗어났다는 것을 선포한 것이며, 유대인과 이방인이 한 교회를 이루었으므로 상대방의 양심을 보호하기 위하여 사랑 가운데서 그 자유를 자제하도록 합의한 것이었지 그 어느 문맥에도 십계명에 대해 언급하지 않았음을 주지해야 할 것입니다. 또한 사도바울은 다음과 같이 말했습니다. "할례

받는 것도 아무 것도 아니요 할례 받지 아니하는 것도 아무 것도 아니로되 오직 하나님의 계명을 지킬 따름이니라"(고전 7:19).

11. 회당 없는 곳

> "안식일에 우리가 기도처가 있는가 하여 문 밖 강가에 나가 거기 앉아서 모인 여자들에게 말하더니"(행 16:13).

빌립보에는 유대인들이 거의 살지 않았기 때문에, 회당이 없었습니다. 그래서 바울 일행은 마땅한 장소를 찾다가 바로 자주 장사 루디아를 만나 말씀을 전하고, 그 온 집이 다 침례를 받게 됩니다.

12. 바울의 규례

> "바울이 자기의 규례대로 저희에게로 들어가서 세 안식일에 성경을 가지고 강론하며"(행 17:2).

"규례"에 대한 설명은 누가복음 4:16절에 설명했습니다. 바울 역시 늘 자기가 하던 대로 안식일을 지켰습니다. "세 안식일" 어떤 이들은 드디어 새로운 안식일, 즉 주일이라고 합니다. 이런! 한글을 잘못 읽으셨군요. 새(New)가 아니고 세(Three)입니다. 3주 동안(three weeks, three Sabbath days) 안식일에 자기 습관대로 설교했다는 것이지요. 이 규례라는 단어는 헬라어 '에도' 인데 '관습, 습관' 을 의미합니다. 신약성경에 4회 나오는 이 단어는 사도 바울이 특별한 습관이 있었다는 의미 이지요. 이 습관은 사도 바울이 예수님의 습관을 따랐다는 사실을 나타내 줍니다.

"예수께서 그 자라나신 곳 나사렛에 이르사 안식일에 자기 규례대로 회당에 들어가사 성경을 읽으려고 서시매" (눅4:16) 예수님은 자신의 습관에 따라 안식일을 지키셨습니다. 사도 바울이나 안식일의 주인이신 예수님이나 만일 안식일을 폐하는 것을 당연히 받아들이신다면 왜 하필 안식일을 자기의 습관으로 삼았을까요?

사도 바울이 주님처럼 안식일에 습관대로 회당 예배에 참석했습니다 (행13:42-44; 18:4). 사도 바울이 이렇게 한 것은 이중 목적이 있었던 것입니다. 효과적으로 유대인들과 영적인 접촉을 하고 또한 "계명을 좇아" (눅23:56) 안식일을 거룩하게 지키기를 원했던 것입니다. 만일 안식일이 예수님께서 폐하신 것이라면, 예수님 승천 이후 이미 오랜 세월이 지난 시점에서 사도 바울이 단지 유대인의 관습인 안식일을 지킨다는 것이 가당키나 한 것일까요? 만일 안식일을 지키는 것이 아니라 단지 당시 관습으로 그곳에 있었다면 사도 바울은 이중적인 잣대를 적용한 사람이 됩니다. 절기와 할례와 같은 관습은 지키지 않으면서 안식일은 지키고 있기 때문이며, 심지어는 사도 베드로가 이방인 신자와 함께 먹을 때 유대인을 의식해서 했던 이중적인 행동에 대해서 강하게 책망을 한 것 또한 양심적이지 않다고 봐야 할 것입니다.

그리스도를 위해 모든 것을 버리고 복음을 그렇게 높이는 사도 바울이 자신의 습관 하나를 버리지 못했다면 이것을 어떻게 이해해야 할까요? 그러나 사도 바울은 안식일을 그림자로 제시된 율법으로 보지 않았으며, 항구적인 변함 없는 도덕법인 것을 알았기 때문에 예수님을 따라 안식일을 습관으로 지켰던 것입니다.

> "안식일마다 바울이 회당에서 강론하고 유대인과 헬라인을 권면하니라" (행 18:4).

사도행전에 보면 바울이 고린도에서 78번의 안식일 예배를 드렸다는 것을 분명하게 입증합니다. "일 년 육 개월을 유하며 그들 가운데서 하나님의 말씀을 가르치니라"(행 18:11). 어떤 이들은 "주일(일요일)을 지키는 것은 부활하신 예수를 믿는 것이요, 안식일을 지키는 것은 죽은 예수를 믿는 것이다"라고 말합니다. 그렇다면 부활을 굳게 믿었던(고전 15장) 바울은 안식일을 지켰는데 그는 죽은 예수를 믿었단 말이 됩니다. 그는 예수 승천 후 23년이 지난 AD 54년경에도 여전히 십자가의 예수, 부활하신 예수를 믿었고 계명대로 안식일을 지켰습니다.

13. 일요일 예배의 근거?

> "안식 후 첫날에 우리가 떡을 떼려 하여 모였더니 바울이 이튿날 떠나고자 하여 저희에게 강론할 새 말을 밤중까지 계속하매"(행 20:7).

정확한 역사가로 정평을 받고 있는 누가는 부활 후 30여 년이 지난 서기 63년경까지의 사도교회 역사를 기록한 사도행전에서 적어도 84회 이상 안식일이 준수되었음을 암시하고 있습니다. 반면, 첫째 날인 일요일에 관한 언급은 이곳 한군데밖에 없습니다. 그것은 바울이 예수님처럼, "자기의 규례대로" 드로아에서 안식일을 보내고 "안식 후 첫날(토요일 저녁)"에 모였습니다. 그 까닭은 "바울이 이튿날 떠나고자하여" 특별히 모인 성만찬을 겸한 송별집회였습니다. 행 20:6~13절의 전체 문맥을 읽어보시기 바랍니다. 여기서 피곤한 유두고가 창에서 떨어지는 일화가 나오지요. 일요일 아침부터 그날 밤까지 말씀을 나눈 것이 아니라 토요일 저녁부터 밤중까지 계속 한 것입니다.

1 안식 후 첫날은 토요일 밤
새 번역 성경: "토요일 밤에, On Saturday night"(NEV).
2 사도행전의 저자인 누가는 이방인이면서도 유대력사용
(눅 23:54~56 참조)

✱ 성경이 말하는 하루의 개념은 "저녁부터 그 다음날 저녁까지"
"저녁이 되며 아침이 되니 이는 첫째 날이니라"(창 1:5).
"그 저녁부터 이튿날 저녁까지 안식을 지킬지니라"(레 23:32).

예수께서 십자가에 못 박히신 날은 금요일입니다. 그 사건에 대한 누가의 기록을 보면 분명하게 알 수 있습니다.

금요일: "이 날은 예비일이요 안식일이 거의 되었더라"(눅 23:54) 현대인 성경으로 보면 그 뜻이 더 분명합니다. "그 날은 안식일을 준비하는 금요일이었는데 안식일이 곧 시작되려는 참이었

다"(눅 23:54)
안식일: "계명을 좇아 안식일에 쉬더라"(눅 23:56)
일요일: "안식 후 첫날 새벽에…무덤에 가서"(눅 24:1)

예수님은 금요일 오후 3시경(막 15:34, 유대시간으로 9시) 십자가에 달리셨습니다. 그리고 그날 저녁을 금요일 밤이라 하지 않고 안식일이라 말씀하고 있습니다. 금요일 오후 해가 지고 저녁이 되면서부터 일곱째 날(안식일)이 되는 것입니다.

금요일은 성일(聖日)을 예비하는 날이요, 토요일은 성일이고, 일요일은 성일 다음 날입니다. 그러므로 중요한 사건은 십자가와 부활이고, 중요한 날은 안식일입니다. 우리는 기독교 신앙의 중심사건인 예수님의 십자가와 부활을 믿어야 합니다. 그리고 중요한 날인 안식일을 기억하여 거룩히 지켜야 합니다.

금요일	토요일	일요일
예비일	안식일	안식후 첫 날
십자가에 돌아가신 날	무덤에 쉬신 날	부활하신 날
성일을 준비하는 날	성일	성일 다음 날
"그 날은 안식일 전날, 곧 안식일을 준비하는 금요일이었다" (현대인, 막 15:42)	"안식일을 기억하여 거룩히 지키라" (출 20:8)	"안식 후 첫날 새벽에" (눅 24:1)

3 "안식 후 첫날($\mu\iota\alpha\ \tau\omega\nu\ \sigma\alpha\beta\beta\alpha\tau\omega\nu$)이라는 말은 유대력의 용어로 로마력을 썼다면 dies solis(일요일)이라는 용어를 썼을 것입니다. 제

자들은 안식 후 첫날, 둘째 날, 셋째 날, 넷째 날, 다섯째 날, 예비일(금요일), 안식일. 이렇게 날짜계산을 했습니다. 안식일은 그들 삶의 중심이었지요.

"이 날은 예비일이요 안식일이 거의 되었더라 갈릴리에서 예수와 함께 온 여자들이 뒤를 좇아 그 무덤과 그의 시체를 어떻게 둔 것을 보고"(눅 23:54-56).

이제 우리는 양심껏 대답할 수 있습니다. 안식일이 거의 되는 시간은 언제입니까? 금요일 저녁이지요. 마찬가지로 안식 후 첫날은 토요일 저녁부터 시작합니다.

4 송별집회

사도 바울은 오순절 전에 예루살렘에 도착하려는 계획에 따라 급히 여행하고 있었습니다. 그리하여 "안식 후" 곧 토요일 밤에 다시 모여 성만찬을 겸한 애찬을 나누며, 말씀을 자정이 넘도록 들었는데, 이렇게 밤늦게까지 모인 까닭은 이튿날 날이 새면 바울이 떠나기 때문에 특별집회로 모인 것이었습니다(행 20:7,8). 그 다음날 바울은 육로로 32km 길을 걸어 앗소로 가서, 뱃길로 먼저 가 기다리던 누가 일행을 만나 여행을 계속하여, 미둘레네 → 사모 → 밀레도에 수요일에나 목요일쯤에 이르렀습니다. 거기서 에베소 장로들을 초청하여 특별집회를 가져 심금을 울리는 설교를 했습니다(행 20:14-38).

5 안식일 준수

이와 같은 문맥을 이해할 때, 사도는 안식일에는 결코 길을 떠나지 않고, 자기 규례대로 신자들과 함께 예배드리며 보냈습니다. 그리고 그 다음날 곧 "안식 후… 이튿날 떠나고자하여"(행 20:7) 밤중까지 특별집회를 했고, 밀레도에서는 주중인 수요일이나 목요일인데도 다시 에베소의 장로들을 위해 특별 집회를 한 것입니다. 이 두 집회가 모두 그렇게 촉박하고 간절했던 이유는, 그것이 바울의 마지막 여행으로 다시는 얼굴을 볼 수 없을 것임을 알았기 때문이었습니다(행 20:37,38). 그러므로 문맥에서 분명해진 대로, 사도 바울이 여행 중에도 철저히 지킨 날은 안식일이며, "안식 후 첫날"인 일요일은 여행을 떠나는 평범한 날이었음이 분명해집니다.

6 교회 역사가 네안더 (Augustus Neander)

일요일을 준수하는 탁월한 교회사가인 네안더도 사도행전 20장의 사건이 일요일을 성수했음을 입증하는 근거가 될 수 없음을 아래와 같이 솔직히 인정하고 있습니다. **"이 성경 구절은 전적인 확증을 주지 않는다. 왜냐하면 사도의 촉박한 출발이 이 작은 교회로 하여금 형제애가 넘치는 송별 식사를 위해 모이게 했을 것이고, 이 경우 특별한 축제가 아니었을지라도 사도는 이때에 그의 마지막 말씀을 전달하였을 것이다"**(Augustus Neander, The History of the Christian Religion and Church, 1831, vol. 1. 337).

14. 바울의 마지막 호소

"사흘 후에 바울이 유대인 중 높은 사람들을 청하여 모인 후에 이르되 여

> 러분 형제들아 내가 이스라엘 백성이나 우리 조상의 규모(customs, 관습)를 배척한 일이 없는데 예루살렘에서 로마인의 손에 죄수로 내어준 바 되었으니"(행 28:17).

상식적으로 생각해 봅시다. 바울이 안식일 외에 다른 날을 준수했다면, 어떻게 유대 지도자들 앞에서 자신이 유대인의 관습을 범한 적이 없다고 외칠 수 있겠습니까? 바울이 유대 교회지도자들 앞에서 외친 마지막 호소에서 그는 생애를 끝마치는 순간까지 철저한 안식일 준수자였음을 볼 수 있습니다. 만약 안식일이 이방인에게는 더 이상 적용되지 않는 의식적인 율법이었다면, 이방인의 사도인 바울이 그리스도인 안식일이 제칠일에서 일요일로 바뀌어진 사실을 분명히 밝혔을 것입니다. 그러나 "꺼리지 않고 하나님의 뜻을 다 너희에게 전하였다"(행 20:27)고 선언합니다.

만일 일요일이 성경적으로 거룩한 예배일이라면, 우리의 종교적 의무는 훨씬 쉬워질 것이며, 율법주의자라는 오명을 뒤집어쓰지 않아도 될 것입니다. 그러나 참된 그리스도인은 인기 있는 길이나 편리한 방법을 추구하는 사람들이 아니라 하나님의 말씀을 순종하는 사람들입니다. 최고의 권위로 선포하신 십계명을 하나님께서 철회하지 않는 한, 우리는 십계명을 오늘날에도 구속력 있는 법으로 받아들여야 합니다. 마지막 날에 우리는 하나님의 법에 의해서 심판받는다는 사실을 기억해야 합니다. 지지하는 사람들의 숫자가 "주께서 가라사대"라는 말씀을 폐할 수 없습니다.

오늘날 이 사회를 조종함으로써 안식일 준수를 어렵게 만든 장본인은 사탄입니다. 그러나 하나님께서는 우리에게 불가능한 것을 요구하지 않으신다는 사실입니다. 어떤 상황도 하나님의 계명을 범하는 것에 대한 정당한 이유가 될 수 없습니다.

하나님의 자녀가 단 하나의 계명에 불순종하기보단 차라리 죽음을 택하겠다고 결심하게 되는 것은 사랑의 힘입니다. 안식일에 관한 문제는 날에 관한 문제가 아니라 사랑에 대한 문제입니다. 사랑이 동기가 되지 않고, 하나님의 법을 지키려고 애쓰는 것은 그리스도인들의 생애를 기계적이고 비참하게 만들 것입니다.

15. 아무 날이나 지키면 된다?

"혹은 이 날을 저 날보다 낫게 여기고 혹은 모든 날을 같게 여기나니 각각 자기 마음에 확정할지니라 날을 중히 여기는 자도 주를 위하여 중히 여기고 먹는 자도 주를 위하여 먹으니 이는 하나님께 감사함이요 먹지 않는 자도 주를 위하여 먹지 아니하며 하나님께 감사하느니라"(롬 14:5,6).

이 성경절은 피상적으로 읽으면 오해하기 쉽습니다. "모든 날이 똑같은데 가릴 것 뭐 있느냐 각각 자기 마음대로 정하면 되는 것이다"라고 말하는 것처럼 들립니다. 이것을 안식일에 적용시키면 문제는 더 커집니다. "안식일에 예배드리면 어떻고 일요일에 예배드리면 어떤가? 다 똑 같은 날들이니 각각 자기 마음에 드는 날을 골라 하나님께 예배드리면 되는 것이다." 이렇게 해석하면 "안식일을 기억하여 거룩히 지키라"고 하신 하나님의 말씀이 무색해집니다. 안식일 폐지론에 골몰하다 보면, 안식일과는 아무 상관이 없는 이 성경절도 안식일과 관련시켜 아무 날이나 지켜도 된다는 식의 이론을 전개할 수 있습니다. 이 말씀은 도대체 어떤 의미일까요?

1 우선 이런 말씀을 하게 된 로마서 14장의 배경을 생각해 보는 것이 순서입니다. 무슨 말이든 그 말을 하게 된 배경과 이유가 있기 때문입니다. 로마서 14장에는 "믿음이 연약한 자"와 "강한 자"라는 표현이 있는데 대부분의 그리스도인들은 14장의 배경도 잘 모르고 채소를 먹기를 원하거나 안식일을 기억하는 사람들을 믿음이 연약한 자로 생각하고, 그들을 율법주의자며 그리스도인 자유의 걸림돌로 몰아 부칩니다. 바울이 "어떤 사람은 모든 것을 먹을 만한 믿음이 있고 연약한 자는 채소를 먹느니라"(14:2) 또 "혹은 이날을 저 날보다 낫게 여기고 혹은 모든 날을 같게 여기나니 각각 자기 마음에 확정할지니라"(14:5)라고 했을 때 사도는 과연 무엇을 마음속에 생각하고 있었을까요?

2 이 본문을 이해하는 데 중요한 점은 이 교회의 회중이 유대인과 이방인으로 구성되어 있어서 서로 잘 융화되지 못했다는 것입니다.
로마에는 일찍부터 유대인 사회가 자리잡고 있었습니다. B.C. 63년 폼페이우스(Pompey) 장군이 많은 유대인들을 전리품으로 로마에 끌고 갔는데 그들 대부분은 나중에 자유인이 되어 로마에 정착했습니다. 오순절(31 A.D.) 이후 그리스도를 소개받은 많은 유대인들이 로마로 돌아가서 기독교인이 되었고 이방인들도 복음을 받아들여 로마 교회가 이루어졌습니다.

그러나 글라우디오(Claudius) 황제(41~54 A.D.)가 로마에서 유대인들을 추방하자 잠시 동안 이방인 그리스도인들이 로마 교회를 지키게 되었습니다(행 18:2 참조).

오래지 않아 유대인들이 돌아오자 갈등은 피할 수 없는 것이 되었습니다. 유대인 그리스도인들의 눈으로 보면 이방인 그리스도인들은 여전히 믿음직스럽지 못했습니다. 그들은 율법에 대해 잘 알지도 못하면서 맹목적으로 구원을 확신하고 있는 것처럼 보였습니다. 할례도 절기도 무시하는 사람들에게 과연 구원이 있을까 그들은 의심했습니다.

이방인 그리스도인들의 눈으로 보면 유대인 그리스도인들이야말로 답답하고 얽매인 사람들이었습니다. 할례를 포함한 온갖 규례와 율법, 갖가지 절기들이 그들을 숨막히게 했습니다. 살아온 문화적 배경과 종교 및 생활 습관이 다르기 때문에 그들 사이의 갈등은 심각했을 것입니다.

또한 당시 로마에 있는 유대인 그리스도인들 중에는 십자가를 상징하는 유월절을 강조하는 무리와 부활을 강조하는 요제절파의 대립이 있었고, 유월절파 내에서도 강건파와 온건파 사이에 유월절 양을 먹는 문제로 갈등을 빚고 있었습니다. 오늘날 그리스도를 믿는 사람 중에도 유월절을 지켜야 한다는 사람들이 있는데, 2천년 이상 그들의 전통으로 가져왔던 일종의 관습을 하루아침에 없애기는 어려웠을 것입니다. 이렇게 다양한 배경을 가지고 있는 이방인과 유대인, 또 유대인 내에서도 강경파와 온건파 그래서 잡음이 끊이지 않는 이들 모두를 한 교회안에서 조화롭게 하기 위해 바울은 때로는 정죄하고, 때로는 권면하며, 때로는 인정해주면서 정말 많은 노력을 기울였습니다. 바울서신을 보면 이러한 고뇌를 충분히 읽을 수 있습니다.

3 "이날을 저 날보다 낫게" 여기는 사람도 있으며 혹은 특정한 날을 기념하는 것을 반대하고 모든 날이 다 같다고 생각하는 사람도 있지만 "각각 자기 마음에 확정"하라는 말은 무슨 말일까요? 여기에 안식일도 들어가는 것일까요? 안식일을 기억하는 것도 각자의 생각에 따라 마음대로 하라는 의미인가요? 혹자는 이 성경절을 안식일 폐지의 근거로 사용하는데 그것은 과연 올바른 해석일까요?

창세기 2:2에 처음으로 언급되는 제7일 안식일은 "기억하여 거룩히" 지켜야 할 변함없이 중요한 계명이기 때문에 그리스도인들이 당연히 지켜야 할 것으로 알았지 거기에 대해 이의를 제기하지 않았습니다. 안식일은 사람이 타락하기 전에 축복으로 주어진 것이기 때문에 그리스도의 희생으로 폐지되는 모형이 아니며 "기억하라"고 명령하셨기 때문에 사람이 임의대로 결정할 사항도 아니었습니다. 바울 자신도 안식일을 귀하게 여기고 준수했습니다. 그는 안식일마다 규례대로 회당에 가서 안식일을 지켰습니다. 빌립보에서는 회당이 없자 강가에까지 가서 안식일을 지켰습니다(행 16:13). 만일 바울이 안식일을 무시하는 행동을 했더라면 바울은 그것 때문에 전도도 할 수 없고 돌에 맞아 죽었을 것입니다.

4 그렇다면 각각 마음에 확정하라는, 다시 말해서 기억해도 좋고 안 해도 좋다고 바울이 말하는 "날"은 무슨 날일까요? 유대인들은 여섯 개의 연중 절기와 거기에 따른 일곱 개의 절기 안식일을 가지고 있었

습니다(레 23:4~37). 이 절기와 날들은 유대인들의 생활과 문화에 깊은 영향을 끼치고 있었습니다. 제사 제도와 깊은 관계를 가지고 있는 이 절기와 날들은 구속제도의 그림자로서 원형이신 그리스도가 오시자 필요 없는 것이 되었습니다. 그러나 워낙 뿌리깊은 이 관습을 그리스도인이 되었다고 해서 쉽게 버릴 수 있는 것은 아니었습니다. 일부 유대인들은 그리스도인이 된 다음에도 이 절기와 날들을 기념하였고 그것은 의미가 없다 뿐이지 그들의 전통적인 명절이기 때문에 특별히 나쁜 것은 아니었습니다.

아마 유대인 그리스도인들이 바울에게 이런 질문을 하지 않았을까요? "바울 선생님, 이번 유월절에 저희 온 가족들이 다 모이는데, 저도 가야 하나요? 말아야 하나요? 유월절 어린 양이 예수그리스도의 십자가라는 사실을 이제 깨달았습니다. 저는 그분을 메시야로 믿습니다. 하지만 유월절에 참석하는 것이 십자가를 부인하는 것이라고는 생각지 않는데, 어떻게 해야 할까요?" 그들의 상황을 이해하실 수 있겠습니까? 또한 그리스도인이 되었을지라도 유월절을 꼭 지켜야 한다고 강조하는 강경파 무리들이 이방인 신자들에게 불필요한 짐을 얹어주는 일도 있었습니다. 바울이 이들에게 어떻게 권면했을지는 충분히 짐작할 수 있습니다. 바로 로마서 14장에서 답을 주고 있습니다.

5 누가 "연약한 자"이고 누가 "강한 자"인가? 바울이 말하는 약한 자란 제물 먹는 것에 민감한 상처를 입기도 하고 날들을 지키는 것을 중히 여겨 거기에 매달리기도 하는 예민한 신자들을 의미합니다. 그러나 이러한 그룹들을 바울은 책망하지 않았습니다. 하나님께서 그들을

받으시기 때문입니다.

누가 강한 자인가? 우상 제물이나 절기 준수같은 문제에 자신은 얽매이지 않으면서도 문화나 관습적인 차이 때문에 그런 것들을 소중히 여기는 형제들을 업신여기지 않고 판단하지 않으며(14:3), "연약한 자의 약점을 담당하고 자기를 기쁘게 하지 아니"(15:1) 하는 사람입니다.

6 어떤 이들은 "모든 날을 안식일처럼 지내면 되는데 굳이 제 칠일(토요일)을 유별나게 지켜야 하느냐"고 묻기도 합니다. 출애굽기 20장 8절을 보면 "안식일을 기억하여 거룩히 지키라"고 명하신 후에 9절에서 다른 "엿새 동안은 힘써 네 모든 일을 행할 것"이라고 설명합니다. 그리고 10절에서는 "제 칠일은 안식일이니"라고 문법적으로 밝혀 놓았습니다. "제 칠일"을 제외한 다른 여섯 날은 힘써 일해야 하는 날들임을 강조했음도 주목해야 합니다.

안식일 제도의 기원이 명시된 창세기 2장 2,3절에서는 안식일이라는 명칭 대신, "일곱째 날에 안식하"셨다고 밝히고, "일곱째 날을 복 주사 거룩하게 하셨"다고 거듭 확인하고 있어 칠일 중 아무 한 날이 안식일이 될 수 있는 여지를 남기지 않았습니다. 하필 일곱째이어야 하는 이유는, "하나님의 지으시던 일이 일곱째 날이 이를 때에 마치니, 그 지으시던 일이 다하므로 일곱째 날에 안식하"(창 2:1)셨기 때문입니다.

본래 기념일이란 그 날에 일어난 역사적인 사실을 기념하는 시간적인 의미를 가집니다. 어느 부부가 자신들의 결혼기념일을 일 년 중 아무 날로 정하여 기념하겠습니까? 기념일을 옮기거나 아무 날이나 기념일이 될 수 있다는 생각은 상식에도 어긋납니다. 지구가 존속하는 한 창조가 기념될 것이요, 창조주 하나님께서는 안식일을 통하여 창조에 근거한 경배를 받으실 것입니다.

7 요약

로마서 14장은 아무것이나 먹고 살라는 말이거나 아무 날이나 안식일로 지켜도 된다는 말이 아닙니다. 마음에 확정하라는 "날"은 "기억하여 거룩히 지키라"고 하신 제7일 안식일이 아니라 절기를 말하는 것으로서, 그리스도 이후에 자연히 그 의미가 사라졌지만 유대인 신자들이 관습상 절기들을 기념한다 하더라도 정죄까지 할 필요가 없는 것이었습니다.

절기는 하나의 문화요, 삶의 일부였기 때문에 그 절기들을 지키는 것이 십자가를 배반하는 것은 아니었습니다. 사도 바울은 이런 문제로 교회가 나누어지거나 헛된 논쟁에 빠지는 것을 원하지 않았기 때문에 유대인과 이방인 모두에게 각각 원하는대로 하라고 허용하고 있는 것입니다.

만약 이것이 제7일 안식일을 마음대로 생각해서 지키라고 했다면, 초대교회에 얼마나 큰 혼란이 생겼겠습니까? 이것이 제7일 안식일이 아님은 상식적으로 이해할 수 있습니다.

16. 매주일 첫날(일요일)에 헌금?

> "매주일 첫날에 너희 각 사람이 이를 얻은 대로 저축하여 두어서 내가 갈 때에 연보를 하지 않게 하라"(고전 16:2).

1 예배를 드린 것인가 일을 한 것인가?

이것이야말로 "일요일"에 예배를 드린 것이 아니라 "일"을 했다는 증거입니다. 문맥을 보면 첫날에 일한 소득을 떼어 놓으라는 권면이므로 오히려 첫날에 일을 했습니다. 또한 헌금이 아니고 예루살렘 교회 신자를 위한 구제헌금을 갑자기 준비하지 말고 매 첫날에 저축해 놓아 내가 (바울) 갈 때 차질이 없도록 하라는 말씀이었지 헌금을 교회로 가지고 와서 드리라고 하지 않았습니다. 이러한 기본적인 문맥을 무시하면 안 됩니다. 헬라어 본문에 충실한 여러 번역도 분명해지는 내용입니다.

KJV: "매주 첫날에 너희 각자가 하나님께서 번성케 하신 대로 따로 저축하여 두어서 내가 갈 때에는 모금하는 일이 없게 하라"
현대어 신약: "각 사람은 자기 집에서 한쪽에 따로 두어 저축하게 하라"
새 아메리카: "각 사람은 저축할 수 있는 것은 무엇이든 따로 떼어 놓으라"
시리아-페시토역: "각 사람으로 따로 떼어 저축하게 하라"
"홀로 집에서"(루터역), "자신의 집에서"(프랑스역).

본문의 뜻이 분명합니다. 요즘처럼 매 일요일 교회에 가서 헌금하라는 뜻이 전혀 없으며, 명목도 일명 정규헌금이 아닙니다. 당시 이방 교회들이 대거 참여했던 예루살렘 모교회(母校會)를 위한 기근구제 의연금(義捐金)이었습니다(롬 15:25~27, 행 24:17).

2 왜 매주일 첫날에 따로 저축하라고 했을까?

왜 매주일 첫날에 따로 저축하라고 했을까요? 이 특별헌금 계획은 "일 년 전에"(고후 8:10)이미 시작한 것이었습니다. 바울은 "전에 약속

신약 **73**

한 연보를 미리 준비케 하도록 권면하는 것이 필요한 줄 생각"(고후 9:5) 했는데, 이유는 자신이 갈 때 한꺼번에 힘겨운 헌금을 하려고 하지 말고, 매주일의 수입에서 얼마씩 정기적으로 따로 떼어 집에 저축하므로 넉넉하고 성의 있는 헌금을 드리게 한 것입니다.

3 캠브리지 성경주석

성공회 성직자들이 편찬하여 캠브리지 대학이 출판한 성경주석도, 당시의 그리스도인들이 매주 첫날에 모였다는 증거를 "이 구절로부터 끌어낼 수 없다"고 지적한 후, 참뜻은 "스스로 저축하라. 즉 공중집회에서 가 아니라… 집에 쌓아두라"는 것이라고 밝혔습니다(J. J. Lias(ed.), The First Rpistle to the Corinthians, THe Cambridge Bible for schools and Colleges University Press, 164).

17. 고린도후서 3장의 올바른 이해

> "돌에 써서 새긴 죽게 하는 의문의 직분도 영광이 있어 이스라엘 자손들이 모세의 얼굴의 없어질 영광을 인하여 그 얼굴을 주목하지 못하였거든"(고후 3:7).

돌에 써서 새긴 것은 십계명인데, 그렇다면 십계명도 없어질 것이라는 말씀인가? 우리는 성경을 해석할 때, 어떤 한 구절만 가지고 이해하려고 하면 큰 실수를 범하기가 쉽습니다. 따라서 고린도후서 3장이 무엇을 말하고 있는지 그 전체 문맥을 살펴보도록 합시다.

"너희는 우리로 말미암아 나타난 그리스도의 편지니 이는 먹으로 쓴 것이 아니요 오직 살아 계신 하나님의 영으로 한 것이며 또 돌비에 쓴 것이 아니요 오직 육의 심비에 한 것이라"(고후 3:3).

유대주의자들은 율법의 외적 형식에만 관심을 가졌을 뿐 율법의 정신은 마음속에 새기지 못했습니다. 유대인의 문자적 집착으로는 진리의 원칙이 사람의 마음에 전달되지 못했고, 그래서 그들의 종교적 관습은 형식적이고 기계적으로 전락하여 정신이 결여되어 버렸습니다.

바울은 하나님이 시내산에서 십계명을 기록하신 두 돌비와 인간에게 새긴 심비를 대조 시킵니다. 하나님의 율법이 돌비에 새겨진 것에는 잘못된 것이 없지만 그것이 오직 거기에만 기록돼 있고, 사람의 심비에 옮겨지지 않는다면, 그것은 죽은 문자에 불과합니다. 진리는 생애에 적용될 때에만 살아 숨쉬며 활동적인 힘을 갖게 됩니다.

바울은 6~11절에서 언급하게 될 새 언약에 대해 얘기하는데, 사실상 새 언약의 경험은 구약 렘 31:31~33; 겔 11:19,20; 36:26,27에 이미 언급돼 있습니다. 오직 하나님만이 인간의 마음에 율법을 기록할 수 있는 능력이 있습니다. 돌비에는 저항하는 의지가 없기 때문에 돌비에 율법을 쓰는 것이 하나님에게는 더 쉽습니다. 돌비에만 적혀 있는 것은 죽은 문자이지만, 율법이 일단 마음에 기록되면 더 이상 죽은 문자가 아닙니다.

고린도후서 3장을 쓰게 된 목적

왜 율법이 의문의 직분인가? 여기서 의문(grammasin)이란 에베소서 2장의 제사제도를 말하는 의문(儀文)이 아니고 글자로 쓰여진 율법이란 뜻입니다. 제사제도의 의문(儀文)은 헬라어로 도그마(dogma)가 쓰이는데 여기서는 글자란 뜻의 그람마(gramma)가 쓰이고 있습니다. 이 구절의 정확한 뜻을 알려면 3장의 구조를 알아야 합니다.

고린도후서 3장에서 바울은 추천서 문제를 다루고 있습니다. 어떤 고린도 교인들은 바울이 과연 예루살렘 교회의 추천서를 받은 사람인지를 문제 삼았기 때문이었습니다. 바울은 예수님의 직접적인 제자가 아니었기에 그의 자격에 대한 시비는 늘 끊이지 않고 있었습니다. 바울을 비난하고 헐뜯는 사람들은 바울이 예루살렘의 사도들이나 그 외 어떤 지도자로부터도 말이나 글로 쓰여진 공식적인 추천서를 받은 일이 없다고 비난합니다. 바울은 참 피곤했을 것 같습니다. 그래서 바울은 글로(의문) 쓰여진 추천서보다는 마음에 새겨진 영적 추천서가 우월한 것임을 강력히 주장하면서, 글로 쓰여진 율법의 직분과 우리 마음에 쓰여진 영의 직분을 비교하고 있습니다.

"왜 그 신성한 율법이 우리를 죽게 하는 직분이 되는가?" 그 이유는 율법의 기능이 우리를 정죄하여 죄인에게 죽음을 선고하는 것이기 때문입니다. 글자로 쓰여진 율법은 그것이 아무리 신성하다 해도 우리를 구원하지 못하고 오히려 정죄하기 때문에 우리를 구원하시는 영적 복음보다 못한 것입니다. 그렇지만 그 율법도 하나님께로부터 왔기 때문에 영광이 있어 이스라엘 백성들이 모세의 얼굴을 감히 바라보지 못했습니다. 그런데 영의 직분의 영광은 얼마나 더하겠느냐 하는 말씀입니다.

바울이 여기서 말하고 싶은 핵심은 율법 논쟁이 아닙니다. 글로 쓰여진 추천서를 요구하는 유대인들에게, 글(의문)로 쓰여진 것보다 더 확실하고 우월한 추천서는 영적 추천서임을 말하고 있는 것입니다. 우리를 정죄하는 글로 쓰여진 계명을 받고도 모세의 얼굴이 그렇게 빛났거든 하물며 영의 영광은 얼마나 더 크겠느냐고 바울은 말하고 있습니다.

모세는 하나님과 함께 있었다는 사실을 증거하는 두 돌판을 가지고 시내산에서 내려와 하나님에게 임명 받은 대변인으로 등장했습니다. 바울의 신임서가 만질 수 있는 것은 아니지만, 거룩한 율법을 성령이 자신의 마음과 회심자들의 마음에 동일하게 각인했기 때문에 분명히 실재적인 것이라고 말할 수 있습니다. 바울에게는 결코 다른 신임서가 필요하지 않았습니다. 그의 생애와 그가 그리스도에게 인도한 사람들의 생애가 그의 사명이 하나님에게서 온 것이라는 충분한 증거가 되었기 때문입니다.

"저가 또 우리로 새 언약의 일꾼 되기에 만족케 하셨으니 의문으로 하지 아니하고 오직 영으로 함이니 의문은 죽이는 것이요 영은 살리는 것임이니라"(고후 3:6).

바울은 새 언약을 옛 언약과 대조하면서, 새 언약은 영으로 옛 언약은 의문으로 언급합니다. 옛 언약 아래에서 유대인들의 율법에 대한 집착은 우상숭배가 되어 버렸습니다. 그것은 영을 무시하고, 의문(글자)의 지배아래 살기로 선택한 것입니다. 그들은 형식적이고 외양을 중시했습니다. 그리스도인의 헌신과 순종은 기계적인 방법이나 복잡한 규칙 및 요구사항이 아니라 성령의 임재와 능력이 그 특징을 이루는 것입니다. 형식적인 신조와 이론적인 신학에는 사람을 죄에서 구원할 능력이 전혀 없습니다.

기록된 율법인 "의문"은 모세가 만든 것입니까? 아닙니다. 하나님에게서 왔기 때문에 선한 것입니다. 하나님은 율법의 기록인 "의문"이 유대인의 마음에 율법의 "영"을 세워주는 좀 더 높은 목표에 이르는 유일한 도구가 되도록 계획하셨습니다. 하지만 유대인은 율법의 "의문"을 율법의 "영"으로, 즉 메시야가 제공할 구속을 믿음으로 개인적으로 죄에서 구원받는 살아있는 종교 경험으로 전환시키는 데 실패했습니다. 율법을 문자적으로 순종하는 것만으로는 "죽이는 것"입니다. 율법의 "영"만이 유대인이나 그리스도인을 살릴 수 있습니다.

기독교 신앙의 수행은 "경건의 능력"없이 "경건의 모양"(딤후 3:5)으로 변질되기 쉽기에 기독교 신앙의 "의문"은 구원을 위해 그것에 의지하는 사람들을 결국 죽입니다.

이러한 의미를 이해하지 못한 채 바울이 여기서 구약과 십계명을 경시하고 폐지한다는 주장은 근거가 없는 것입니다. 이방인 그리스도인에게 쓰는 편지에서 바울은 구약과 십계명이 그리스도인들에게 구속력이 있다고 거듭 확증합니다(롬 8:1~4; 딤후 3:15~17; 마 5:17~19).

그리스도와 사도들에게는 구약 외에는 다른 "성경" 자체가 없었습니다. 히 11장에 기록된 기라성 같은 신실한 사람들과 구약 시대의 수많은 신자들은 신약시대의 신자들처럼 그들의 삶속에서 성령의 소생시키는 사역을 경험했습니다.

예수 그리스도의 복음에는 "영"만 있는 것이 아니라 "의문"도 함께 있습니다. 성령의 소생시키는 능력 없이는 어느 교회에서든 복음은 반드시 죽은 글자가 되고 맙니다. 그리스도인이라고 공언하는 수많은 사람들이 "의문"에 만족하면서 영적 생명 없이 살아갑니다.

하나님이 요구하시는 것은 단순히 옳은 행동이 아니라, 하나님과 올바른 관계를 갖고 도덕적 및 영적으로 올바른 상태를 보존한 결과와 증거로 나타나는 옳은 행동입니다. 그리스도인의 생애와 예배를 살아 계신 하나님에게 의지하는 문제로 삼기보다 규칙 제도에 대한 순응으로 축소하는 것은 "의문"의 봉사와 직분에 의존하는 것입니다.

유대인이건 그리스도인이건 종교상의 형식과 의식은 단순히 목적을 위한 수단에 불과합니다. 수단을 목적으로 여긴다면 그것은 즉각 참된 종교경험을 막는 장애물이 되어 버립니다.

그것은 하나님의 율법인 십계명에서도 마찬가지입니다. 구원을 얻으려는 노력의 일환으로 형식적으로 그 교훈에 복종하는 것은 쓸데없는 일입니다. 하나님과 동료인간에 대한 사랑의 자연스런 결과로 순종하게 될 때에만 그 순종은 하나님의 눈에 가치 있는 것이 됩니다(마 19:16~30). 율법의 "영"은 율법의 "의문"을 폐하지 않고 도리어 세운다는 것을 기억해야 합니다. "그런즉 우리가 믿음으로 말미암아 율법을 폐하느뇨 그럴 수 없느니라 도리어 율법을 굳게 세우느니라"(롬 3:31).

산상수훈에서 주님은 순종의 "영" 없이 율법의 "의문"에 순종하면 그분의 의의 표준에 다다르지 못한다는 원리를 강조하셨습니다. 율법의 "영"은 율법의 "의문"을 폐하지 않습니다. 예를 들어, 예수님은 제자들에게 여섯째 계명에 기초하여 형제에게 "노하"지 말라고 명하셨지만(마 5:22), 그렇다고 형제의 생명을 취하여 계명의 문자를 어겨도 된다고 허가하신 것은 아니었습니다. 여섯째 계명의 "영"은 분명히 그 "의문"을 대치하는 것이 아니라 "의문"을 보완하고 "크게" 하는 것입니다. 넷째 계명을 포함한 십계명의 각 교훈도 마찬가지입니다.

"의문" 선한 것이지만 죄인을 죽음의 선고에서 구원해 낼 능력은 갖고 있지 않습니다. 사실 의문은 죄인에게 사형을 선고합니다. 율법은 본래 하나님이 주실 때 생명을 증진하기 위해 고안됐으므로(롬 7:10,11) "이로 보건대 율법도 거룩하며 계명도 거룩하며 의로우며 선하"(롬 7:12)다고 할 수 있습니다.

하지만 생명은 순종과 어울리며 사망은 불순종과 어울린다. 이처럼 율법은 죄인을 죽음에 처하게 하는데, 이는 "범죄하는 그 영혼이 죽"을 것이기 때문입니다(겔 18:4, 20). "죄의 삯은 사망"(롬 6:23)이나 복음은 죄인을 용서하고 생명을 주기 위해 고안됐습니다(8:1~3). 율법은 계명을 범한 자에게 사형을 선고하지만 복음은 그를 구속하여 다시 살립니다(시 51편).

"영"의 직분은 초자연적인 능력을 나눠 주는 것입니다. 율법이 부과한 사형 선고는 그리스도 안에 있는 생명의 선물(요일 5:11, 12)로 인해 파기됩니다. 하나님의 의의 표준이 회심한 사람의 양심에 이르면 순종과 생명의 기회가 됩니다. 하지만 하나님의 율법이 거듭나지 않은 사람의 양심에 이르면 그에게 사형 선고를 내립니다.

"돌에 써서 새긴 죽게 하는 의문의 직분도 영광이 있어 이스라엘 자손들이 모세의 얼굴의 없어질 영광을 인하여 그 얼굴을 주목하지 못하였거든"(고후 3:7).

어떤 사람들은 이 언급을 보고 하나님의 율법이 "없어"졌다고 결론을 내리는 이들도 있는데, 이 구절에는 "없어"진 것이 모세의 얼굴에 나타난 지나가는 "영광"이었다고 분명하게 진술돼 있습니다. 그 "영광"은 몇 시간 혹은 기껏해야 며칠 안에 사라졌지만, "돌판에 써서 새긴" 하나님의 율법은 여전히 유효합니다. 사라져 버릴 것은 모세의 직분과 유대인의 제도였지 하나님의 율법이 아닙니다(마 5:17,18).

그 영광은 돌비 위에 있던 것이 아니기에 돌비에서 사라지지도 않았습니다. 모세의 얼굴에 나타난 일시적인 영광은 시내산에서 하나님과 나눈 교제의 결과로 임한 것이었습니다. 그 영광은 그것을 본 사람들에게 모세가 거룩한 임재 가운데 있었던 사실을 증명하고, 하나님의 대표자로서 모세의 사명과 그 교훈을 지켜야 할 백성의 책무를 암묵적으로 증언했습니다. 그 영광은 거룩한 근원에서 온 것임을 증명하여 율법의 구속력을 확인해 주었습니다.

모세의 얼굴이 하나님의 영광을 반영했던 것처럼 의문의 율법과 지상의 성소 봉사는 그리스도의 임재를 반영했습니다. 하나님은 구약 시대의 사람들이 모형 제도에 반영된 영광 속에서 그리스도의 구원하는 임재를 이해하고 경험하도록 계획하셨습니다. 드디어 그리스도의 초림으로 사람들은 원형의 영광을 바라보는 특권을 누렸으며, 모형에 나타난 더 약하고 반사된 영광을 더 이상 필요로 하지 않게 됐습니다.

바울이 의례와 의식의 직분을 "죽게 하는 의문의 직분"이라고 말한 것은 바로 이런 이유 때문입니다. 희생 제도에서 그리스도를 보지 못한 유대인들은 자신들의 죄 가운데서 죽게 될 것이었습니다. 그 제도는 본래 그 자체로는 죄의 값인 사망을 거두는 운명에서 아무도 구하지 못했습니다. 유대인과 이방인은 그리스도 안에서 생명을 찾아야만 하는데,

이는 그분 안에만 구원이 있기 때문입니다(행 4:12).

눈 먼 이스라엘은 결국 메시야인 예수님을 거절하고 그들의 구속주를 십자가에 못박았습니다. 바울은 그리스도 안에 계시된 더 큰 영광이 도래하면서 결과적으로 모형 제도에 반영된 영광이 사라졌으므로 그러한 제도 아래 그대로 머물 구실이 더 이상 없다고 단언합니다.

"없어질 것도 영광으로 말미암았은즉 길이 있을 것은 더욱 영광 가운데 있느니라"(고후 3:11).

바울은 모세의 얼굴에서 영광이 사라진 것을 모세 제도의 소멸 즉 "죽게 하는 의문의 직분"의 소멸의 예증으로 설명합니다. 모세의 직분이 소기의 목적을 달성했기 때문에 사도의 직분이 등장하면서 모세의 직분은 마무리됐습니다. 견본을 통해 만들던 옷이 완성되면 그 견본의 유용성은 사라지게 됩니다. 그리스도가 "하늘에 있는 그것들"(히 9:23)을 돌보기 위해 하늘로 돌아가신 후에도 유대주의자들은 "하늘에 있는 것들의 모형"에 초점을 계속 맞췄습니다. 바울은 생명을 나눠 주지 못하는 "의문"의 직분에서, 생명을 나눠 줄 수 있는 "영"의 직분으로 사람들의 관심을 돌리고 있습니다.

"우리는 모세가 이스라엘 자손들로 장차 없어질 것의 결국을 주목치 못하게 하려고 수건을 그 얼굴에 쓴 것 같이 아니하노라"(고후 3:13).

바울은 영적으로 눈먼 이스라엘의 상태를 예증하기 위해 수건으로 가린 사건을 사용합니다(고후 3:14~16). 바울의 표현에서 사라질 영광은 위대한 원형인 주 예수 그리스도의 초림과 더불어 끝날 모형과 의식을 표상했습니다. 그 "수건" 때문에 이스라엘 백성은 그 일시적인 영광이 사라지는 것을 보지 못했거나 혹은 그 의미를 깨닫지 못했다고 바울은 말합니다. 그들은 모형과 의식들이 영원할 것이라고 맹신했습니다. 그들은 그 자체를 목적으로 보았습니다. 그들은 모형 제도가 본질상 일시적이고 잠정적이며 앞으로 올 그리스도의 영광의 전조라는 것을 알지 못했습니다.

모세가 진리를 고의로 가려서 이스라엘을 속이려고 했던 것은 분명 아니었습니다. 그는 메시야에 관해 예언했으며 그분이 임하실 영광스러운 시대를 고대했습니다(신 18:15).

모세의 얼굴을 덮었던 그 수건이 이제는 모세가 쓴 책을 덮고 있습니다. 모세가 말한 말이나 기록한 글과는 상관없이 백성의 마음과 정신은 여전히 눈먼 상태였습니다. 유대인들은 율법을 없애지 않았습니다. 그들은 그것을 규칙적으로 읽었으며 추측컨대 모세에게 영예를 돌렸을 것입니다. 하지만 실상 그들은 모세를 믿지 않았는데, 이는 그랬더라면 그들은 그리스도도 믿었을 것이기 때문입니다(요 5:46,47). 그들에게 모세의 영광은 율법의 "의문"과 그 안에 규정된 외형적인 형식과 의식 안에 존재하는 것이었습니다.

"그리스도 안에서 없어질 것이라." 구약의 예언과 거기에 규정된 형식과 의식 안에서 그리스도를 발견할 때에만 성경의 그 부분을 읽을 때 "수건"이 걷힐 것이었습니다. 하지만 유대인들은 그리스도를 메시야로 인정하기를 거절했기에 그 수건은 걷히지 않고 그대로 있었습니다.

"오늘까지 모세의 글을 읽을 때에 수건이 오히려 그 마음을 덮었도다"(고후 3:15).

그들의 역사 내내 유대인들은 고의적으로 눈을 감았습니다. 그들은 모세가 기록한 것 중에서 그들이 믿고 싶은 것만 가려보았고, 모세 율법의 "의문"이 갖는 비할 데 없는 탁월함에는 온전히 확신했으나, 그 "영"에는 눈을 감았습니다. 성소 봉사와 제사제도는 하나님의 어린양과 그분의 중보 사역을 가리켰습니다.

이사야의 예언들은 메시야가 왕으로서 다스리기 전에 반드시 고난을 당해야만 한다는 사실을 언급하고 있습니다. 그들은 진실로 메시야를 찾았지만 그 메시야는 죄가 아니라 로마에게서 건져 줄 구주였습니다. 고의적 불신이라는 동일한 수건이 오늘날에도 진리를 가리곤 합니다.

"그러나 언제든지 주께로 돌아가면 그 수건이 벗어지리라"(고후 3:16).

모세가 여호와 앞으로 다시 나아갔을 때 그 수건을 벗었던 것처럼(출 34:34), 영적인 시각 상실과 불신은 진심으로 회심한 사람들의 마음과 정신에서 사라지게 됩니다. 성령의 인도를 받아 유대인이 그리스도를 믿게 됐을 때, 그의 시야를 가려 영원한 언약을 보지 못해 자신의 존재를 왜곡했던 수건은 사라졌습니다. 그러자 유대인 제사 제도의 참 의미를 볼 수 있게 됐으며, 그리스도가 희생 제도와 모세의 전 율법의 핵심을 그분의 인격과 사업 속에 이루셨음을 깨달을 수 있게 됐습니다.

구약이든 신약이든 성경에서 그리스도를 발견할 때에만 사람들은 그 말씀을 제대로 읽게 됩니다. 또한 하나님의 뜻에 온전한 순종으로 헌신할 때에만 그분의 말씀을 이해하고 올바로 해석할 준비를 갖추게 됩니다.

"주는 영이시니 주의 영이 계신 곳에는 자유함이 있느니라"(고후 3:17).

성령의 자유란 언제나 무상으로 제공되는 새 생명의 자유이며, 사람이 거듭나면 하나님의 뜻을 자기 안에 실현시키는 것이 가장 큰 열망이 된다는 단순한 이치의 자연스러운 표현입니다. 마음에 기록된 하나님의 율법으로 인간은 모든 형태의 외부 압력에서 자유롭게 됩니다. 그가 옳은 일을 하고자 선택하는 것은, 율법의 "의문"이 그릇된 일을 하지 말라고 금하기 때문이 아니라, 마음에 새겨진 율법의 "영"이 옳은 일을 선택하도록 인도하기 때문입니다. 내재하시는 성령이 의지와 감정을 다스리시므로 그는 옳은 일 하기를 갈망하며 예수 안에서 있는 그대로의 진리를 자유롭게 따르게 될 것입니다. 그는 율법이 선함을 인정하며, "속 사람으로는 하나님의 법을" 즐거워합니다.

그리스도 안에서의 자유란, 모든 일에 그리스도에게 순종하는 것이 내키지 않는다면 자기 좋을 대로 해도 된다는 허가증을 의미하지 않습니다. 자유에는 규제가 있어야만 합니다. 그리스도 예수 안에서 거듭난 사람에게는 완전한 자유를 안심하고 위탁할 수 있는데, 이는 그가 이기적인 목적을 위해 그 자유를 남용하지 않을 것이기 때문입니다.

"우리가 다 수건을 벗은 얼굴로 거울을 보는 것 같이 주의 영광을 보매 저와 같은 형상으로 화하여 영광으로 영광에 이르니 곧 주의 영으로 말미암음이니라"(고후 3:18).

마음과 정신이 여전히 수건으로 가려져 있어 주님의 영광을 보지 못하는 이스라엘 민족과는 달리, 그리스도인은 그 영광의 충만함을 바라볼 수 있는 특권을 받습니다. 시내산에서는 모세만 수건을 쓰지 않은 얼굴로 하나님에게 계시를 받았지만, 이제는 모든 사람이 실제로 모세처럼 하나님 앞에 가까이 나아가 그분과 친밀한 친교를 나눌 수 있습니다.

구속의 계획은 사람 안에 하나님의 형상을 회복하는 것(롬 8:29; 요일 3:2), 즉 그리스도를 묵상함으로 오는 변화를 목표로 합니다(롬 12:2; 갈 4:19). 그리스도의 형상을 묵상하는 일은 하나님의 임재가 모세의 얼굴에 나타난 것처럼 도덕적 및 영적 본성 위에 작용합니다. 그리스도를 구속주로 끊임없이 바라보는 가장 겸손한 그리스도인은 자신의 생애에서 그리스도의 영광을 일부 반영할 것입니다. 그가 충실하게 그렇게 계속한다면 자신의 개인적인 그리스도인 경험에서 "영광에서 영광으로" 나아가게 될 것입니다(벧후 1:5~7).

그리스도에게서 기인하는 영적 변화는, 마음에 접근하여 본성을 새롭게 하고 거룩하게 하고 영광스럽게 하여 그리스도의 완전한 생애와 닮도록 하는 성령의 역사를 통해서만 일어납니다.

> 다음의 영감적인 주석이 본 장에 대한
> 이해를 더욱 풍부하게 해 줄 것입니다.

3:6-9 생명을 약속하는 율법

시내 산에서 두려운 위엄으로 말씀하신 하나님의 율법은 죄인에 대한 정죄의 말씀이었다. 정죄하는 것은 율법의 영역이지만 그 속에는 용서하거나 구속할 힘은 없다. 그것은 생명을 약속하고 있다. 다시 말하자면 율법에 따라 행하는 사람들은 순종의 보상을 받을 것이라는 말이다. 그러나 정죄를 받고 있는 사람들에게 율법은 속박과 죽음을 가져다 줄 것이다.

3:7-11 두 가지 율법(갈 3:19; 엡 2:15; 골 2:14; 히 9:9-12; 10:1-7)

하나님의 백성들, 곧 하나님께서 자기의 특별한 보배라고 부르신 사람들은 두 가지 율법, 곧 도덕률과 의문의 율법을 특권으로 받았다. 도덕률은 세상을 창조하신 살아계신 하나님을 계속 기억하도록 하기 위하여 그의 창조를 가리켜 보이고 있다. 그 율법의 요구는 각 시대의 모든 사람에게 구속력이 있고 항상 있을 것이며, 영원토록 있을 것이다. 의문의 율법은 사람이 도덕률을 범했기 때문에 주어진 율법으로써 미래의 구속을 가리켜 보이는 희생과 헌물 가운데 있는 것들을 순종하는 것이다. 이 둘은 서로 분명하고 확연히 구별되는 것이다.

창세로부터 도덕률은 하나님의 거룩한 계획의 본질적인 부분으로써 하나님 자신과 같이 변경이 불가능한 것이다. 의문의 율법은 인류를 구원하기 위한 그리스도의 계획에 한 특별한 목적에 부응하는 것이었다.

표상적 율법 곧 희생과 헌물 제도는 죄인이 이 제도를 통하여 크신 제물이신 그리스도를 알아 보도록 하기 위하여 마련된 것이었다. 그러나 유대인들은 교만과 죄로 말미암아 눈이 매우 어두워져서 죄사함을 받기 위한 속죄제물인 짐승의 죽음에서 그 이상의 의미를 깨닫는 사람은 거의 없었다. 그리고 이 제물이 표상하는 그리스도께서 오셨을 때, 그들은 그분을 알아볼 수가 없었다. 의문의 율법은 훌륭한 제도였다. 그것은 예수 그리스도께서 인류의 구원에 도움을 주기 위하여 아버지 하나님과 의논하여 마련하신 것이었다. 표상적 제도의 전 체계는 다 그리스도 위에 그 기초를 두고 있다. 아담은 여호와의 율법을 범한 그의 죄의 형벌을 받는 죄없는 짐승이 그리스도를 예표한다는 것을 알았다.

두가지 율법 모두에 하나님의 인이 있음: 바울은 그의 형제들이 죄를 용서하시는 구주의 크신 영광이 유대인들의 모든 성소 제도에 깊은 뜻을 부여한다는 것을 깨닫게 되기를 바랐다. 그는 또 그들이 그리스도께서 세상에 오셔서 사람의 희생제물로 죽으셨을 때 표상은 그 원형을 만났다는 것을 깨닫게 되기를 바랬다.

그리스도께서 속죄 제물로 십자가에서 죽으신 후에 의문의 율법은 아무런 효력을 가질 수가 없었다. 하지만 그것은 도덕률과 관계가 있는 것이며 영광이 있었다. 이 두 율법은 다 신성의 소인을 받은 것이며 하나님의 거룩하심과 의로움과 공의를 나타내신 것이었다. 폐지될 의문의 직분의 영광이 있었다면, 그리스도께서 나타나시사 그분의 생명을 주시고 성결케 하는 영을 주실 때, 그 실체는 얼마나 더 영광스럽겠는가?

죽게 하는 의문의 직분(the ministration): 하나님의 거룩한 율법은 간략하고 포괄적이다. 이는 이해하기 쉽고 기억하기 쉽게 하기 위함이였다. 그러나 그것은 하나님의 의지의 표현이었다. 그 포괄적 의미는 다음의 말에 요약되어 있다. "네 마음을 다하며 목숨을 다하며 힘을 다하며 뜻을 다하여 주 너의 하나님을 사랑하고 또한 네 이웃을 네 몸과 같이 사랑하라." "이를 행하라 그러면 살리라." "너희는 나의 규례와 법도를 지키라 사람이 이를 행하면 그로 인하여 살리라 나는 여호와니라."

만약에 죄인이 이 언약의 말씀에 나와있는 문자 그대로 처리되어야 한다면 타락한 인류에게는 아무런 희망이 없다. 이는 모든 사람이 죄를 범하여 하나님의 영광에 이르지 못하기 때문이다. 타락한 아담의 족속들은 이 언약의 문자에서 죽게하는 의문의 직분 이외의 것은 아무것도 볼 수가 없다. 죽음은 율법의 요구를 충족시킴으로 자신의 의를 이루려고 헛되이 노력하는 모든 사람의 보상이 될 것이다. 모든 범죄자들에게 하나님은 율법이 요구하는 형을 집행할 것이라는 자기 자신의 말로 자기를 묶어 두셨다. 거듭거듭 사람들은 범죄하였지만 그들은 율법을 범한 벌을 받아야 한다는 것을 믿는 것 같지 않다.

유대인들의 의문의 율법은 예언적인 것(히 8:5): 그리스도의 복음은 유대인들의 시대에 그 영광을 반사하고, 유대인들의 모든 성소 제도에 빛을 던지며, 의문의 율법에 깊은 의미를 갖게 한다. 지상에 있는 성막이나 대 성전은 하늘에 있는 원 성소의 모형이었다. 유대인들의 율법의 의식들은 예언적이며, 구속의 경륜 가운데 있는 신비들의 표상이다.

율법의 의식과 예전들은 그리스도께서 친히 주신 것이다. 그분은 낮에는 구름 기둥, 밤에는 불기둥에 자기 몸을 가리우시고 이스라엘 군중을 인도하신 인도자였다. 큰 존경심을 가지고 이 율법을 취급하여야 하였으니, 이는 그것이 거룩하기 때문이었다. 그 율법을 더 이상 지킬 필요가 없게 된 후 일지라도 사도 바울은 유대인들 앞에 그 율법의 참된 위치가 어디이며, 그 가치가 어떠함을 제시하였고, 구속의 경륜에 있어서 그 율법이 차지하는 자리와 그리스도의 하시는 일과 그것이 어떤 관계가 있는지를 보여 주었다. 그리고 그 위대한 사도는 이 율법이 거룩하신 창시자에게 돌리기에 합당한 영광이었다고 선포하였다. 그것은 폐하여질 것이요, 영광이 있기는 하였으나 하늘과 땅에 있는 그분의 가족들을 다스리기 위하여 제정하신 율법은 아니었다. 왜냐하면 하늘이 계속 있는 한 주의 율법도 계속 있어야 할 것이기 때문이다.

영광에서 더 큰 영광으로(계 22:14): 구약과 신약 사이에 일치하지 않는 것은 아무것도 없다. 구약에는 오실 구주에 대한 복음이 있고, 신약에는 예언된 대로 나타나신 구주에 대한 복음이 있다. 구약은 끊임없이 참 제물되신 분이 오실 것을 가리켜 보이고 있는 반면에 신약은 표상적 제물로 예표된 구주가 오셨다는 것을 보여 주고 있다. 유대인들 시대에 희미한 영광은 그리스도인 시대의 더 밝고 더 뚜렷한 영광으로 이어진다. 그러나 단 한 번도 그리스도는 자기가 오심으로 하나님의 율법의 요구가 폐하여졌다고 말씀하신 적이 없다.

반대로 밧모섬을 경유해서 그분의 교회에 보내신 그의 마지막 기별에서 그는 그의 아버지의 율법을 지키는 사람들에게 다음과 같은 축도를 한다. "그의 계명을 행하는 자들은 복이 있나니 이는 저희가 생명나무에 나아가며 문들을 통하여 성에 들어갈 권세를 얻으려 함이로다"

3:7-17 도덕률이 그리스도로 인하여 영광을 받음

예언들과 함께 희생을 드리는 예배 의식의 상징과 그림자들은 이스라엘 사람들에게 그리스도께서 세상에 계시하신 은혜와 자비에 대하여 베일에 가리워진 불분명한 견해를 갖게 하였다. 그리스도를 가리키는 상징과 그림자들이 뜻하는 바가 모세에게 공개되었다. 그는 그리스도의 죽음으로 표상이 원형을 만날 때 결국 폐하여 지도록 되어 있는 것을 보았다. 오직 그리스도를 통해서만 인간은 도덕률을 지킬 수 있다는 것을 그는 보았다. 이 율법을 범함으로 인해서 인간은 세상에 죄를 들여왔고, 죄와 함께 죽음이 왔다. 그리스도는 인간의 죄를 위한 속죄가 되셨다. 그는 인간의 죄된 것 대신에 그의 완전하신 품성을 제시하시고 불순종의 저주를 자신이 친히 담당하셨다. 희생과 헌물은 그분이 치루실 희생을 가리켜 보였다. 죽임을 당한 어린 양은 세상 죄를 지고 가는 어린 양을 표상하였다.

모세의 얼굴에 빛이 나게 한 것은 폐하여질 것을 보고 또 율법에 계시된 그리스도를 보았기 때문이었다. 돌에 써서 새긴 율법의 직분은 죽음의 직분이었다. 그리스도가 없으면 범죄자는 그 저주하에 있게 되고 용서받을 희망이 전연 없다. 직분 그 자체는 아무런 영광이 없는 것이지만 의문의 율법이 표상과 그림자 속에 계시된 언약의 구주께서 도덕률을 영화롭게 하신다.

3:7-18 그리스도의 영광은 그의 율법 가운데 나타남(롬 3:31; 7:7;

갈 3:13)

그리스도는 율법의 저주를 받으셨고, 그 형벌을 받으셨으며, 사람을 하나님의 율법을 지킬 수 있는 곳에다 올려 놓으시고, 구주의 공로로 가납함을 받게 하는 계획을 완수하셨다. 없어질 것의 끝을 본 사람은 모두 다 없어지지 않을 것, 곧 의의 표준이요, 하나님의 율법인 십계명의 영광을 분명히 보았다.

"우리가 다 수건을 벗은 얼굴로 거울을 보는 것같이 주의 영광을 보매 저와 같은 형상으로 화하여 영광으로 영광에 이르니 곧 주의 영으로 말미암음이니라." 그리스도는 죄인의 대변자이시다. 그의 복음을 받아들인 사람들은 수건을 벗은 얼굴로 그분을 바라본다. 그들은 그분의 사명과 율법과의 관계를 보고 그리스도께서 계시하신 하나님의 지혜와 영광에 감사를 드린다. 그리스도의 영광은 그 율법 속에 나타나 있다. 그 율법은 그의 품성의 사본이다. 사람들은 그분의 변화시키시는 효능을 영혼에 느끼게 되고 마침내 그분의 형상대로 변화된다. 그들은 신의 성품에 참여하는 사람들이 되고, 점점 자라나 그리스도의 형상과 같이 되며, 한 발자국씩, 한 발자국씩 나아가 하나님의 뜻과 일치하게 되고, 마침내 완전에 이른다.

율법과 복음은 완전한 조화를 이룬다. 복음은 율법을 높이고, 율법은 복음을 높인다. 양자가 다 나름대로의 위엄을 갖고 있으며, 율법은 양심과 마주 대하여 서서 죄인이 그리스도 곧 죄를 사하시는 속죄 제물로서의 그리스도의 필요성을 느끼게 해 준다. 복음은 율법의 능력과 그 불변성을 승인한다. "율법으로 말미암지 않고는 내가 죄를 알지 못하였느니라"고 바울은 말한다. 율법으로 말미암아 마음에 죄에 대한 느낌

이 사무칠 때 죄인은 구주께로 달려간다. 우리는 죄인이 필요로 하는 것에 대해서 갈보리 십자가가 제공하는 강력한 이유를 제시할 수가 있고, 그리스도의 의를 주장할 수가 있다. 이는 회개하는 모든 죄인에게 그 의를 나누어 주시기 때문이다.

3:12-15 불신의 수건

유대인들은 그리스도를 메시야로 받아들이기를 거절하였다. 그들은 그들의 의식이 아무런 의미가 없다는 것, 즉 희생과 헌물이 그 의미를 잃었다는 것을 볼 수가 없다. 완고한 불신 가운데서 스스로 쓴 수건이 아직도 그들의 마음을 가리우고 있다. 만약 그들이 율법의 의가 되시는 그리스도를 받아들이면 그 수건은 벗겨질 것이다.

그리스도교계에도 그들의 눈에, 그리고 그들의 마음에 수건을 쓰고 있는 사람들이 많이 있다. 그들은 없어진 것의 끝을 보지 못한다. 그들은 그리스도께서 죽으실 때 폐지된 것은 의문의 율법 뿐이라는 것을 보지 못한다. 그들은 도덕률도 십자가에 못박히었다고 주장한다. 그들의 이해력을 어둡게 하는 수건은 두껍다. 많은 사람들의 마음이 하나님과 싸우고 있다. 그들은 하나님의 율법을 순종하지 않는다. 그들이 하나님의 정부의 법률에 조화를 이룰 때에만 그리스도가 그들에게 가치가 있는 분이 될 수가 있을 것이다. 그들은 그리스도를 그들의 구주시라고 말을 하겠지만 끝에 가서 그리스도는 그들에게 내가 너희를 도무지 알지 못하노라고 말씀하실 것이다.…

도덕률은 표상이나 그림자가 결코 아니다. 그것은 사람이 지음을 받기 전에도 있었고 하나님의 보좌가 있는 한 계속 있을 것이다. 하나님은 사람을 구원하기 위하여 그의 율법 가운데 한 계명도 바꾸거나 변조하지 않았다. 왜냐하면 율법은 하나님의 정부의 기초이기 때문이다. 그것은 교환도, 변경도 불가능한 무한하고 영원한 것이기 때문이다. 사람이 구원을 받도록 하기 위해서, 율법의 명예가 유지되도록 하기 위해서 하나님의 아들이 죄에 대한 희생제물로서 자신을 바치실 필요가 있었다. 죄를 알지도 못하신 분이 우리를 위하여 죄가 되셨고, 갈보리에서 우리를 위하여 죽으셨다. 그의 죽음은 인간을 향한 놀라운 사랑과 함께 그의 율법의 불변성을 보여주는 것이다.

3:14,16 그리스도의 죽음이 그 수건을 벗김

인간의 구속을 위한 예수 그리스도의 죽음은 그 수건을 벗기고 수백 년을 거슬러 올라가면서 유대의 전 종교에 많은 빛을 반사시킨다. 그리스도의 죽음이 없었으면 이 모든 제도가 무의미하였다. 유대인들은 그리스도를 거절한다. 그러므로 그들의 모든 종교 제도는 그들에게 불분명하고, 불확실하며 설명할 수 없는 것들 뿐이다. 그들은 십계명에 집착하는 것만큼이나 원형을 만난 표상, 곧 그림자의 의식에 대단한 중요성을 두고 거기에 집착한다. 십계명은 그림자가 아니요, 실체이며 여호와의 보좌만큼이나 오래 지속될 율법이다. 그리스도의 죽음이 유대의 표상과 의식들을 명예롭게 하였다. 이는 그것들이 하나님의 약속이요, 그의 백성들의 마음에 살아있는 믿음을 간직하게 할 목적으로 주신 것이라는 사실을 그리스도의 죽음이 보여주기 때문이다.

3:18 비할 데 없는 그리스도의 매력(히 12:2)

그리스도를 보라 아름답고 매력적인 그의 품성을 바라보라. 그러면 그대는 바라봄으로써 그분의 형상으로 변화될 것이다. 우리가 믿음으로 끔찍한 사탄의 그림자를 꿰뚫어 보고 하나님의 율법 안에 있는 그의 영광과 그리스도의 의를 깨닫게 될 때에 그리스도와 영혼 사이에 끼어 있는 안개가 걷힐 것이다.

사탄은 우리들의 시야에서 그리스도를 가리우고, 그분의 빛을 이지러지게 하려고 한다. 이는 우리가 그분의 영광의 빛을 잠깐만 보아도 그분에게 이끌릴 것이기 때문이다. 죄는 비할 데 없는 그리스도의 매력을 우리가 보지 못하도록 숨긴다. 다시 말하자면 편견, 이기심, 스스로 의롭다는 정신, 정욕 등은 우리들의 눈을 멀게 하고, 그로 인해서 우리는 구주를 알아보지 못한다. 우리가 만약 믿음으로 하나님께 가까이 나아가기만 한다면, 그분이 우리에게 그의 품성, 그의 영광을 나타내실 것이요, 인간의 마음에서 하나님의 찬양이 흘러나와 소리내어 찬송할 것이다. 그 다음에 우리는 사탄에게 영광을 돌리는 일, 곧 하나님을 거스려 죄를 범하고, 의심과 불신의 말을 하는 것을 영원히 그칠 것이다. 우리는 더 이상 넘어지지 않을 것이며, 불평하거나 탄식하지도 않을 것이며, 우리의 눈물로 하나님의 제단을 가리우지도 않을 것이다.

땅의 너무 낮은 곳에만 시선을 주고 있음(창 5:24; 엡 4:13,15): 예수께서 세상에 보내셔서 우리의 품성을 그리스도의 모습으로 변화시키실 것이라고 말씀하신 그분은 보혜사, 곧 성령이시다. 그리고 이 일이 이루어질 때에 우리는 주의 영광을 거울처럼 반사할 것이다. 그 말은 그리스도를 바라보는 사람의 품성은 그분의 품성과 같이 된다는 것이며, 따라서 그 사람을 보는 사람은 거울같이 그리스도 자신의 품성이 비쳐 나오는 것을 본다는 뜻이다. 눈에 뜨이지 않을 만큼 우리들도 우리의 길과 우리의 뜻이 날마다 그리스도의 길과 그리스도의 뜻으로, 그의 아름다운 품성으로 바뀌고 있다. 이렇게 해서 우리는 그리스도에게로 자라나서 무의식적으로 그의 형상을 반사한다.

믿는다고 하는 사람들이 대체로 땅의 너무 낮은 곳에 머무르면서 그들의 눈은 일상의 사물들만 보도록 길들여져 있고, 그들의 마음은 그들이 보는 것들을 생각하고 있다. 그들의 신앙적 경험은 천박하고 만족이 없는 경우가 많고 그들이 쓰는 말들은 경박하고 무가치하다. 그러한 사람이 어찌 그리스도의 형상을 반사할 수 있겠는가? 그들이 어떻게 땅의 어두운 곳에다 의의 태양의 밝은 광선을 보낼 수 있겠는가? 그리스도인이 된다는 것은 그리스도와 같이 되는 것이다.

에녹은 언제나 그 앞에 주님을 모셨다. 영감의 말씀은 "그는 하나님과 동행"하였다고 한다. 그는 그리스도를 항상 같이 다니는 단짝 친구로 삼았다. 세상에 처하여 있으면서 세상에 대한 그의 의무들을 다하였지만 그는 항상 예수님의 감화 하에 있었다. 그리스도의 품성을 반사하여 그분과 같은 수준의 선하심과 인자하심, 그리고 부드러운 동정심과 연민의 정, 인내, 온유, 겸손 그리고 사랑을 보여 주었다. 그는 날마다 그리스도와 교제함으로써 그가 그토록 친밀한 관계를 맺고 있는 그분의 모습으로 변화되어 갔다. 그는 그의 사상과 감정에 있어서 날마다 그 자신의 방식을 떠나서 그리스도의 방식, 거룩한 하늘의 방식으로 점차 옮겨 가고 있었다. 그가 항상 자문해 본 것은 이것이 주의 방법인가? 하는 것이었다. 그는 끊임없이 성장하고 있었고, 아버지와 아들과의 우정을 계속하고 있었다. 이것이 순수한 성화이다.

그의 생애를 연구함으로써 그리스도를 바라보라: 그리스도를 바라본다는 것은 그의 말씀에 주어진 대로 그분의 생애를 연구하는 것을 의미한다. 우리는 숨겨진 보화를 찾듯이 진리를 파내어야 하고, 우리의 시선을 그리스도께 고착시켜야 한다. 우리가 그리스도를 개인의 구주로 모실 때 은혜의 보좌 앞으로 나아갈 담력을 갖게 된다. 바라봄으로써 변화되고, 품성이 완전하신 그분께 윤리적으로 동화된다. 성령의 변화시키시는 능력을 통하여 그의 입혀주시는 의를 받음으로써 그분과 같이 된다. 그리스도의 모습을 간직하게 되고, 그것이 그의 전 존재를 사로잡는다.

그리스도와 같이 되려고 노력함: 진리를 찾는 사람이 그리스도와 같이 되어 보려는 목적으로 그를 바라볼 때에 그는 하나님의 율법의 원칙들의 완전함을 깨닫고, 완전한 것이 아니고는 어떤 것에도 만족을 얻지 못한다. 그리스도의 생애 속에다 그의 삶을 숨겨 두었기 때문에 하나님의 율법의 거룩성이 그리스도의 생애에 나타나 있음을 보고 점점 더욱 열렬히 그분과 같이 되어 보려고 애를 쓴다. 언젠가는 한바탕 전쟁이 있을 것이다. 왜냐하면 유혹하는 자가(마귀) 그의 부하 중 한 사람을 잃고 있음을 알기 때문이다. 어떤 싸움은 사탄이 직접 사용하기 위하여 강화시켜 온 속성들과 싸워야 한다. 인간 대리자는 그가 더불어 싸워야 하는 것, 곧 그리스도께서 제시하시는 완전에 달한다는 생각과는 정반대가 되는 어떤 이상한 힘과 싸워야 한다는 것을 깨닫는다. 그러나 그리스도에게는 그가 그 싸움에서 승리를 얻게 해 줄 구원하시는 능력이 있다. 구주께서 그가 은혜와 능력을 간구하며 나아갈 때에 그를 강하게 하시고 도와 주실 것이다.

도덕적 분위기를 쇄신함: 자아보다도 그리스도를 더 사랑하게 될 때 구주의 아름다운 형상이 그 신자에게서 반사된다.… 자아가 희생의 제단에 놓여져야 비로소 그 품성에서 그리스도가 반사될 것이다. 자아가 매장되고 그리스도가 마음의 보좌를 차지할 때 영혼을 두르고 있는 도덕적 분위기를 쇄신할 원칙의 계시가 있을 것이다.

인간의 일그러진 특성은 사라질 것임: 사람들이 자신의 품성을 형성하는 법을 가장 잘 깨닫고 있다고 생각하기 때문에 성령께서 마음과 의지를 꼴짓고 모양을 잡으시기 위하여 들어오시는 데에 방해를 받고 있다. 그리고 그들은 그들 자신이 생각해 낸 모형에 따라 그들의 품성을 완전하게 꼴지을 수 있다고 생각한다. 그러나 인간의 품성이 꼴지어져야 할 모형은 하나밖에 없는데 그것은 곧 그리스도의 품성이다. 구주를 바라보는 사람들은 영광에서 영광으로 변화될 것이다. 사람들이 그리스도의 뜻에 복종하고 신의 성품에 참여하는 자가 되기로 동의할 때 그들의 삐뚤어진 특성은 사라질 것이다. 그들이 품성 가운데 있는 자신들의 삐뚤어진 특성과 바람직하지 못한 성벽을 그대로 갖고 있기로 결심할 때 사탄은 그들을 취하여 그의 멍에를 메우고 그를 섬기는 종으로 이용한다. 사탄은 그들의 달란트를 이기적인 목적으로 사용하고, 그들로 하여금 매우 바람직하지 못하고, 그리스도인답지 않은 모본을 보이게 하기 때문에 그들은 하나님의 사업에 비난거리가 된다.

완전한 모형에 접근해 감(아 5:10,16; 히 12:2): 사람이 구속주의 역사와 친숙하게 될 때 자기 속에 심각한 결점이 있음을 발견하게 된다. 자신이 그리스도의 모습을 너무나 닮지 않았기 때문에 그는 생애에 근본적인 변화가 필요하다는 것을 깨닫는다. 그는 크신 모본과 같이 되고자 하는 마음으로 여전히 연구를 계속한다. 그래서 그는 그의 사랑하는 주님의 정신과 그의 모습을 포착한다. 바라봄으로써, 즉 "믿음의 주요 또 온전케 하시는 이인 예수를 바라봄"으로써 그는 그와 같은 모습으로 변화된다.

우리가 예수의 생애를 모방하는 것은 멀찍이 떨어져서 그를 바라봄으로 되는 것이 아니고, 그분에 관해서 이야기하고, 그분의 완전하심을 깊이 생각하고, 취미를 우아하게 하고, 품성을 고상하게 하려고 노력함으로써 되는 것이며, 시도해 봄으로써, 즉, 믿음과 사랑으로 열렬하고 참을성 있는 노력으로 완전하신 모본에 접근하려는 시도를 거듭함으로써 되는 것이다. 그리스도를 아는 지식(그의 말씀, 그의 습관, 그가 가르치신 교훈들)을 가짐으로써 우리는 그처럼 면밀히 연구해 온 그 품성의 덕을 빌려 받게 되고 우리가 그토록 찬양해 온 정신이 스며들게 된다. 예수는 우리에게 "만 사람에 뛰어나"고 "그 전체가 사랑스러운" 분이 된다.

그리스도께서 영혼에다 그분의 형상을 그리심: 영혼이 빛과 진리의 위대한 창시자와 밀접한 관계를 맺을 때에 그분이 하나님 앞에 영혼의 참된 위치를 나타내 보여 주시기 때문에 깊은 감명을 받는다. 그러면 자아는 죽을 것이고, 교만은 낮추어질 것이며, 그리스도는 그 영혼 위에다 좀더 뚜렷한 선으로 그분 자신의 형상을 그려 넣으실 것이다.

18. 안식일을 지키는 것은 헛되다?

"너희가 날과 달과 절기와 해를 삼가 지키니 내가 너희를 위하여 수고한 것이 헛될까 두려워하노라"(갈 4:10,11).

'날(ἡμέρας)'이란 복수로 되어 있으며 절기안식일이나 금식일 등이 여기에 속합니다.

'달(μῆνας)'도 복수로 쓰였으며 매달 초하루에 지키는 월삭이나 1월에 추수가 시작되는 아빕월이나 티스리월 등의 달들을 말합니다.

'절기(καιρούς)'는 유대인들이 기념하는 연중 절기들을 의미하며 유월절, 오순절, 장막절 같은 3대 절기 외에도 나팔절, 수전절, 부림절 등이 있습니다.

'해(ἐνιαυτούς)'는 매 칠 년마다 돌아오는 안식년과(레 25:2-7) 오십 년마다 돌아오는 희년(레 25:8-55)을 가리킵니다.

(1) 문제가 되는 것은 '날(ἡμέρας)'인데, 성경에서 제7일 안식일을 말하면서 '날(ἡμέρας)'을 사용한 일이 없습니다.

(2) 제7일 안식일은 날, 달, 절기, 해가 제정되기 2,500년 전, 즉 창조 때 인간이 타락하기 전에 인류를 위한 축복의 날로 제정된 것이므로 같

은 범주에 넣어 생각할 수 없습니다.

(3) '날' 자체가 헛된 것이라면, 마찬가지로 일요일에 예배드리는 것도 헛된 일이라는 상식적인 결론에 도달할 수 있습니다.

19. 계명은 폐했다?

> "원수 된 것 곧 의문에 속한 계명의 율법을 자기 육체로 폐하셨으니…"
> (엡 2:15).

여기서 의문이 무엇입니까? 말 그대로 의문(Question)일까요? 그것은 제사법, 의문(儀文)을 말하는 것이지요. 예수님의 십자가로 말미암아 더 이상 양을 잡아 제사 드리는 제사법이 필요 없게 된 것입니다. 아담 때부터 시작된 동물의 희생제도는 그의 후손들에 의해서 크게 곡해되고 의미를 잃어버렸습니다. 그래서 모세를 통하여 성소에서 유지되어야 할 예배 형식에 대한 지시를 주게 되었고, 모세는 의식 율법을 책에 기록했습니다. 이 희생제도에 관한 의식 율법을 성경에서는 의문의 율법(Ceremonial law)이라고 부르는데 십자가에서 폐지된 율법은 바로 이 율법을 말합니다.

십계명 외에 여호와께서는 모세에게 의식법인 성소 봉사에 관한 지침들과, 백성들을 통제하는 민법을 주셨습니다. 이 율법들은 모세에 의해 책에 기록되었으므로, 모세의 법으로 불립니다. ①민법: 이스라엘 백성들의 사회질서를 위해 필요했습니다. ②의문법: 그리스도가 올 때까지 제사 예식법, ③도덕법: 하나님과 동료 인간에 대한 우리의 본질적인 관계에 토대를 둔 것으로, 그 창시자처럼 변할 수 없습니다. "십계명은 이스라엘에게 주어진 의식법과 민법과는 달리, 도덕법은 모든 인류를 위해 주어진 것으로 결코 폐지되거나 무효화될 수 없다"(William C. Procter, Moody Bible Institute Monthly(copyrighted), Dec, 1933, p.160).

요한 웨슬리는 다음과 같이 호소합니다. "구약의 희생제사와 성전예배에 관련된 의식들을 포함하는 법을 주께서는 폐하러 오셨다. 그러나 도덕법인 십계명은 폐하지 않으셨다. … 복음의 원수들이 '우리 주께서는 계명을 폐하셨다. 오직 한 가지 의무만이 있는데, 그것은 믿는 것이다' 라고 사람들에게 가르친다. 아버지여, 저들을 용서하여 주옵소서. 자기들이 하는 일을 알지 못하나이다!"(John Wesley, "Upon Our Lord's Sermon on the Mount", Discourse 5, in Works, Vol. 5(1829 ed.), pp.311,317).

스펄전(Spurgeon)도 하나님의 영속적인 도덕법에 대해 이렇게 말합니다.

"정말 커다란 실수들이 율법에 관련 하여 발생해왔다. 법이 완전히 폐지되었으며, 무효화되었다고 확언하는 사람들이 있었다. 그들은 믿는 사람들에게 그들의 삶의 원칙들이 도덕법에 매여있지 않다고 자주 가르쳤다. 그들은 그들 스스로 다른 사람들의 죄에 대해서 죄 없다고 말하고자 하여왔다. 하나님께서 그러한 도덕률 폐기주의(Antinomianism)로부터 우리를 구원하려고 하신다 … 하나님의 율법은 영속되어야만 한다. 하나님의 법은 폐지되지 않았으며 변경되지도 않았다. 우리의 타락한 상태에 맞도록 그 음조가 낮아지거나 조정되지 않았다. 하나님의 의의 심판은 모든 사람에게 영원히 계속된다 …

어떤 사람이 나에게 "그러면 보세요. 십계명 대신에 우리는 두 계명을 받았습니다. 그것은 보다 쉽습니다"고 말한다. 나는 법이 전혀 쉽지 않다는 것을 읽으라고 대답하겠다. 그러한 의견은 사상과 경험의 결핍을 의미하고 있다. 두 가지 명령은 그것의 가장 완전한 확장인 열 개의 십계명과 비교된다. 그리고 극히 일부의 것이나, 십계명들의 일점일획이라도 없어질 수 없다는 것을 의미한다 … 그러므로 그리스도께서는 우리가 행복하도록 하기 위해 법을 폐지하거나 전혀 조정하시지 않으신다. 십계명의 숭고하고 완전한 모든 것이 폐지되거나, 조정될 필요가 없다. 법은 그것이 얼마나 심오한 기초들이 있는가를, 그것이 얼마나 높이 올라가 있는 가를, 그 길이와 넓이가 얼마나 무한하다는 것 지적한다.

성경에서 법의 폐지를 의미하는 것이라고는 전혀 볼 수 없다. 우리의 주 예수님은 그분의 생애를 통해 그 모든 명령들을 체현하셨다. 예수님 자신의 인격 안에 하나님의 법의 완전히 확고하게 이루어진 본질이 있었다. 그리고 그분의 본질은 그분의 생애였다. 예수님은 이렇게 말씀하실 수 있었다. "누가 나를 죄로 책잡을 수 있겠는가?" 그리고 다시 "내 아버지의 계명들을 지키는 자라야 나를 사랑하는 자라"고 말씀하셨다.

그분의 죽음으로 그분은 하나님의 도덕적 정부의 영예를 옹호하였다. 주님께서 죽으심으로 자비와 공의를 나타내셨다. 주님께서 자신을 법의 수여자로 인정하였을 때, 그 통치가 그 자신을 법의 최고의 심판자로 드러내셨을 때, 하나님의 공의는, 모든 경탄하는 세상들이 주님의 죽으심으로 하나님의 법이 높여진 것을 놀라야만 해야 할, 그 높은 보좌를 나타냈다. 그러므로 만약 예수님께서 법에 순종한 것이 분명히 입증된 것이라면, 죽기 까지 순종한 것이라면, 예수님께서는 분명 법을 폐하러 오거나 변경하러 오신 것이 아니다. 그리고 주님께서 법을 무효화하지 않았다면 누가 그렇게 살 수 있겠는가? 만약 그분이 법을 완성하기 위해 오셨다면 과연 누가 법을 무너뜨릴 수 있겠는가? …

그 법은 절대적으로 완전하다. 그리고 당신은 십계명에 더할 것이나 제거할 것이 없다. "누구든지 모든 법을 지켜야만 한다. 그리고 그 중의 하나라도 어겨서는 안 된다. 법은 모든 죄책이다. 법은 간음하지 말라고 말하였다. 또한 살인하면 그는 법을 범한 자가 된다." 법이 나눠지지도 없어지지도 않는다면, 그 법은 표준이 되어야만 한다. 그리고 영원히 서야만 한다." – 하나님의 율법의 영원성(The Perpetuity of the Law of God), published in Spurgeon's Expository Encyclopedia, by Baker.

안타깝게도 유대인들은 예수께서 십자가에 달리시던 그 순간에도 양을 잡고 있었고 여전히 지금도 메시아를 기다리고 있지요. 그러나 십자가로 말미암아 성소의 휘장은 찢어졌고 우리는 더 나은 제물 "그리스도"를 통하여 하나님께 나갈 수 있는 길이 열린 것입니다.

동물의 희생제사에 대해 기록한 의문의 율법은 세상 죄를 지고 가는 하나님의 어린 양인 그리스도의 죽음이 실현될 때까지만 존재하게 돼 있었습니다. 구세주의 죽음은 의문의 율법을 종식했지만, 십계명에 대한 인류의 의무는 조금도 감소시키지 않을 뿐만 아니라 죄의 삯은 사망이라는 요구에 의해 그리스도께서 돌아가셔야만 했다는 사실은 하나님의 법의 권위가 조금도 변하지 않았다는 사실을 우리에게 증명하고 있습니다(시 97:2). 십자가는 하나님의 공의와 사랑, 심판과 구원이 입맞춤한 곳입니다. "그런즉 우리가 믿음으로 말미암아 율법을 폐하느뇨 그럴 수 없느니라 도리어 율법을 굳게 세우느니라"(롬 3:31).

십계명과 의문의 율법의 차이점 비교표

비교내용	십 계 명	의문의 율법
법의 내용	사랑의 도덕률	제자제도의 의식법
별 칭	"최고의 법" (약 2:8)	"의문에 속한 계명의 율법" (엡 2:15)
기록자	하나님께서 친히 기록하심 (출 31:18)	모세가 기록함 (대하 35:12)
선포자	하나님께서 직접 선포하심 (신 4:12,13)	모세를 통해 간접적으로 전달 (레 1:1-3)
기록장소	옛 언약 : 두 돌비 (출 31:8) 새 언약 : 마음 판 (히 8:10)	책 (대하 35:12)
보관 장소	법궤 안에 넣어 둠 (출 40:20, 히 9:4)	법궤 곁에 놓아둠 (신 31:24-26)
유효 기간	"영원히 설 것임" (시 111:7,8)	십자가에서 폐지됨 (골 2:14)
폐지 여부	그리스도께서 폐하지 않으심 (마 5:17,18)	그리스도께서 폐하셨음 (엡 2:15)

20. 안식일은 실체가 오면 폐해지는 그림자일 뿐이다?

"우리를 거스리고 우리를 대적하는 의문에 쓴 증서를 도말하시고 제하여 버리사 십자가에 못 박으시고 정사와 권세를 벗어버려 밝히 드러내시고 십자가로 승리하셨느니라 그러므로 먹고 마시는 것과 절기나 월삭이나 안식일을 인하여 누구든지 너희를 폄론하지 못하게 하라 이것들은 장래 일의 그림자나 몸은 그리스도의 것이니라"(골 2:14-17).

십자가로 안식일은 폐지(?) 되었습니다. 그런데 이 안식일이 어떤 안식일입니까? 십자가에 못 박아 버린 "의문에 쓴 증서"는 무엇입니까?

위의 본문을 바로 이해하기 위해서는 왜 이러한 권면이 하필이면 골로새 교회에 주어졌는지 그 배경과 앞뒤 문맥을 아는 일이 필수적입니다. 바울이 로마의 옥중에서 이 편지를 쓸 당시(A.D 62년경) 소아시아의 골로새교회는 "골로새이단(The Colossian Heresy)"으로 알려진 특별한 이단에 의하여 어려움을 격고 있었습니다. 골로새서에서 발견되는 특별한 표현들 즉 "철학과 헛된 속임수"(2:8), "사람의 유전과 세상의 초등 학문"(2:8,20), "일부러 겸손함과 천사 숭배"(2:18), "자의적 숭배와 몸을 괴롭게"(2:23)함 등은 그 이단의 내용을 어느 정도 드러내고 있습니다. 이들은 헬라와 페르시아의 이원론에 기초를 두고 동양의 신비 사상을 혼합한 일종의 종교 철학으로 영지주의(Gnosticism)로 불립니다. 그들은 예수그리스도 외에도 천사들을 하나님과 사람을 연결하는 창조와 구원의 중보자로 소개하고, 그리스도의 충만한 신성과 성육신을 부인했으며, 또한 십자가로 이루어진 구원을 무시하고 자기 학대와 엄격한 금욕을 실천하여 충만에 이르려고 노력하는 한편, 할례 등 구약의 의식을 구원의 방편으로 소개하고 자신들이 물려받은 은밀한 영적 지식(Gnosis)에 의한 구원을 전파했습니다. 이러한 이단에 맞서 바울은 예수께서 창조주시요, 교회의 머리시며, 유일한 중보이심을 확신시키고 있습니다(골 1:16,18,20). 이러한 배경을 염두에 두고, 문맥을 다시 살펴보도록 하겠습니다.

1 의문에 쓴 증서

십자가에 못 박으셨다는 의문에 쓴 증서는 무엇일까요? "증서(χειρόγραφον)"라는 말은 성경 전체에서 이곳에 한 번 밖에 쓰이지 않은 특별한 용어인데 "빚 문서"를 가리키는 전문용어입니다. 예수께서는 십자가의 피로 우리의 엄청난 죄의 빚 문서들을 도말하셨습니다.

2 두 종류의 안식일

성경에는 제7일 안식일과 절기 안식일 두 종류의 안식일이 있습니다. 골로새서 2장 16절의 절기는 레위기 23장에 준수하도록 명시된 유월절, 무교절, 요제절, 오순절, 나팔절, 대속죄일, 초막절 등 일곱 절기를 가리키며, 이 절기들과 연관되어 성회로 모이는 일곱 번의 절기 안식일 입니다(무교절의 첫 날, 무교절의 마지막 날, 오순절, 나팔절, 대속죄일, 초막절의 첫 날, 초막절의 마지막 날).

"…안식일들에 관해서는 아무도 너희를 판단하지 못하게 하라"(KJV, 골 2:16). "sabbath days"(KJV). "sabbaths"(NKJ, NRS).

이 절기에 의미를 준 것은 절기가 지켜지는 정확한 시간에 예정된 구원의 계획을 정확히 성취시키는 예수그리스도를 그림자로 표상하는 제물입니다. 유월절인 1월 14일 해질 때에 잡은 양은 그 시간에 돌아가신 흠 없는 제물이신 예수그리스도를 드러냈고, 1월 15일 무교절 안식일을 시작으로 한 주간 먹게 되는 누룩 없는 떡(무교병)은 우리를 위하여 자신을 드려 생명의 양식이 되게 하신 그리스도의 몸을, 1월 16일 요제절에 바친 처음 익은 곡식 한 단은 유월절 이후 삼일 만에 부활의 첫 열매로 살아나실 그리스도를 놀랍도록 정확히 예표한 것입니다. 그러나 절기안식일들은 장래 일의 그림자로서 십자가로 폐지되었습니다. 그것들은 표상(type)이고, 실체(antitype)가 오면 사라져야 할 그림자들입니다.

창조를 기념하는 제7일 안식일은 죄와 상관없이 주어진 것입니다. 그것은 죄로 말미암는 구속의 계획이나 십자가와 상관없이 제정되었습니다. 죄가 존재하기 전에 제정된 제도가 십자가로 폐할 수 없습니다. 바울이 여기서 십계명 중의 한 계명이 십자가의 그림자며, 우리를 거스르고 대적한다고 말하지 않은 것은 너무나 자명합니다. 성경에서 단 한 번도 도덕법인 십계명을 "장래 일의 그림자"로 묘사된 적이 없습니다.

그렇다면 "장래 일의 그림자"는 무엇이고 "몸은 그리스도의 것"이라는 말은 무엇일까요? 같은 내용을 다룬 다른 곳의 평행 절을 찾아 그 대답을 찾는 것이 가장 확실한 해석입니다.

"율법은 장차 오는 좋은 일의 그림자요 참 형상이 아니므로 해마다 늘 드리는 바와 같은 제사로는 나아오는 자들을 언제든지 온전케 할 수 없느니라…이는 황소의 피가 능히 죄를 없이 하지 못함이라"(히 10:1,4).

골로새서의 "장래일의 그림자"가 무엇임을 히브리서는 같은 헬라어인 "그림자"(skia) "장래일"(ton rnellonton)을 써서 정확히 설명하고 있는데, 장래일의 그림자인 율법은 장차 오셔서 십자가에 돌아가실 그리스도를 상징하는 짐승을 잡아 제사를 드리던 구약의 제사제도를 말합니다. 그것을 보통 구약(舊約, old covenant)이라고 부르는데, "첫 언약"(first covenant, 히 9:1) 혹은 "첫 것"(히 10:9)으로 표현하고 있습니다.

3 골로새서 2장과 갈라디아서 4장

위의 두 성경 장은 같은 주제를 다루고 있습니다. 평행절인 갈라디아서 4:10,11절과 비교해 봐야 합니다. 이 성경절에 대한 설명은 앞에서 했기 때문에 생략하겠습니다.

4 요한 웨슬리의 증언

요한 웨슬리는 이 구절을 다음과 같이 해석하였습니다. "**의문에 쓴 증서를 주님께서는 도말하시고 제하여 버리사 십자가에 못 박으셨다**(골 2:14). **그러나 십계명에 내포되어 있고 또 선지자들에 의해 강조되어 온 그 도덕률은 결코 제하여 버리지 않으셨다. 그 도덕률은 의문 혹은 예식의 율례와는 그 근본부터 전혀 다른 바탕에 세워진 것이다. 그 도덕률의 각 부분들은 어떤 시대를 막론하고 온 인류에게 더욱 강화되고 존속되어져야 마땅하다**"(John Wesley, 2-Vol. Edition, Vol. 1, pp.221,222).

5 17절 "장래 일의 그림자"는 16절을 이해하는 열쇠입니다. 16절에서 사도가 열거한 모든 항목은 그 실재인 그리스도를 상징하는 "그림자" 또는 표상입니다.

히브리서 10장에서 "그림자"가 어떻게 쓰였는지 살펴보면 더욱 분명하게 알 수 있습니다. "율법은 장차 오는 좋은 일의 그림자요 참 형상이 아니므로 해마다 늘 드리는 바 같은 제사로는 나아오는 자들을 언제든지 온전케 할 수 없느니라"(히 10:1).

의문, 즉 제사제도를 말합니다. 유대인들의 제사제도는 그리스도의 봉사에 대한 그림자였고 그리스도께서 오심으로 모두 불필요하게 되었습니다. 따라서 도덕적 율법의 어떤 부분도, 십계명의 어떤 계명도 "그림자"라고 말할 수 없습니다.

매주 안식일은 지구역사 시작 사건을 기념한 것입니다(창 2:2,3; 출 20:8-11). 그러므로 바울이 그리스도를 가리키는 그림자라고 선언한 "안식일"은 넷째 계명의 안식일이 아니라 의문의 안식일입니다.

6 16절 "**먹고 마시는 것**" 이것은 희생제도에 따라 이스라엘 백성이 드렸던 소제와 전제를 지칭하는데, 이는 의문의 율법에 성문화되어 있었습니다. 어떤 이들은 바울의 진술이 부정하다고 선언된 음식 먹는 것의 금지를 폐지한다고 잘못 결론 내리는데, 그럴 수 없는 것이 "먹고 마시는 것"은 그리스도의 그림자라고 선언되었습니다(골 2:17). 즉 그것들은 그리스도의 희생과 봉사를 미리 가리키는 것입니다. 의문의 소제와 전제는 명백하게 이 범주에 속하지만 부정한 음식 금지는 그렇지 않습니다.

또한 부정한 음식을 금지한 것은 의문의 율법보다도 시간적으로 앞섭니다(창 7:2). 그러므로 부정한 음식은 "의문"이 아닙니다. 부정한 음식을 먹는 것은 창조주의 섭리가 아닙니다. 바울이 말하고 있는 것은 더 이상 의문의 율법이 요구하는 것을 행할 의무가 없다는 것입니다.

7 14절 "**의문에 쓴 증서**"는 엡 2:15 "의문에 속한 계명의 율법"과 동일한 제사 율법을 말합니다.

8 골로새서 2장의 말씀이 마친 후 3장을 시작할 때, "그러므로"라는 접속사로 시작합니다. 우리가 그리스도의 은혜로 값없이 구원을 받았으니 "그러므로" 이제 어떻게 살아야 되겠느냐는 질문입니다.

땅의 것을 생각하지 말고 위의 것을 찾으라(골 3:1-5), 이제는 옛 사람을 벗어 버리고 새 사람을 입으라(골 3:6-14) "이제는"이란 단어로 바울은 옛 사람과 새 사람의 행위를 비교합니다. 찬양하고 감사하라(골 3:15-17), 새 사람의 가정과 삶의 모습(골 3:18-25) 즉 하나님께서 하늘에 계심을 깨닫고 의와 공평으로 사람들을 대하라는 것입니다. 이 모든 것은 하나님의 율법(말씀)에 대한 순종이 삶에 나타나는 열매로 증거 하라는 것입니다.

21. 순종의 표

"그러므로 우리는 두려워할지니 그의 안식에 들어갈 약속이 남아 있을지라도 너희 중에 혹 미치지 못할 자가 있을까 함이라 저희와 같이 우리도 복음 전함을 받은 자이나 그러나 그 들은 바 말씀이 저희에게 유익되지 못한 것은 듣는 자가 믿음을 화합지 아니함이라 이미 믿는 우리들은 저 안식에 들어가는도다 그 말씀하신 바와 같으니 내가 노하여 맹세한 바와 같이 저희가 내 안식에 들어오지 못하리라 하셨다 하였으나 세상을 창조할 때부터 그 일이 이루었느니라 제칠일에 관하여는 어디 이렇게 일렀으되 하나님은 제칠일에 그의 모든 일을 쉬셨다 하였으며 또 다시 거기 저희가 내 안식에 들어오지 못하리라 하였으니 그러면 거기 들어갈 자들이 남아 있거니와 복음 전함을 먼저 받은 자들은 순종치 아니함을 인하여 들어가지 못하였으므로 오랜 후에 다윗의 글에 다시 어느 날을 정하여 오늘날이라고 미리 이같이 일렀으되 오늘날 너희가 그의 음성을 듣거든 너희 마음을 강퍅케 말라 하였나니 만일 여호수아가 저희에게 안식을 주었더면 그 후에 다른 날을 말씀하지 아니하셨으리라 그런즉 안식할 때

> 가 하나님의 백성에게 남아 있도다 이미 그의 안식에 들어간 자는 하나님이 자기 일을 쉬심과 같이 자기 일을 쉬느니라 그러므로 우리가 저 안식에 들어가기를 힘쓸지니 이는 누구든지 저 순종치 아니하는 본에 빠지지 않게 하려 함이라"(히 4:1-11).

바울서신 중에서 안식일의 신학적인 의미를 가장 잘 엿 볼 수 있는 부분입니다. 먼저 히브리서 4:1-11의 배경을 살펴보는 것이 순서입니다. 히브리서 3장에서 바울은 모세보다 뛰어나신 그리스도를 설명하면서 모세나 여호수아가 주지 못한 안식을 설명하고 있습니다. 4장은 3장에 이어서 모세나 여호수아가 주지 못한 안식을 우리에게 주시는 그리스도를 설명한다고 봐야 문맥에 맞습니다. 3장과 4장은 동일한 구약의 말씀을 인용하고 있는데(시 95:7-11), 광야에서 불순종하여 가나안의 안식에 들어오지 못한 이스라엘 백성의 예를 들면서 마음을 강퍅하게 하지 말고 순종할 것을 권면하고 있습니다. 이러한 배경을 가지고 다음은 히브리서 4장에 언급되는 안식과 쉼을 분류하여 분석하고 각각의 의미를 정리해 보겠습니다.

✱ **신약에 나오는 "안식"과 "안식일"의 헬라어 용법은 다음과 같습니다.**

헬라어	용법과 빈도수
삽바톤 sabbaton	안식일 57번
삽바티스모스 sabbatismos	안식할 때 1번
카타파우시스 katapausis	안식 7번, 쉼 2번
카타파우오 katapauo	쉼 1번, 쉼을 주다 1번

✻ 히브리서 4장에 나오는 안식과 쉼의 용법은 다음과 같습니다.

헬라어	내용
4:1 카타파우신 tēn katapausin	그의 안식에 들어갈 약속이 남아 있을지라도
4:3 카타파우신 tēn katapausin	이미 믿는 우리들은 저 안식에 들어가는도다
4:3 카타파우신 tēn katapausin	저희가 네 안식에 들어오지 못하리라
4:4 카테파우센 katepausen	모든 일을 쉬셨다 하셨으며
4:5 카타파우신 tēn katapausin	내 안식에 들어오지 못하리라
4:8 카페타우센 katepausen	여호수아가 저희에게 안식을 주었더라면

1 히 4:1 "그러므로 우리는 두려워할지니 그의 안식(κατάπαυσιν)에 들어갈 약속이 남아 있을지라도 너희 중에 혹 미치지 못할 자가 있을까 함이라"

"그러므로"는 3장 마지막 절의 "저희가 믿지 아니하므로 능히 들어가지 못한 것이라"를 받는 말입니다. 광야의 이스라엘 백성은 마음이 강팍하고 불순종하여 하나님을 격노케 하고 광야에서 죽어 가나안의 안식에 들어가지 못했습니다. 여호수아를 따라 가나안에 들어간 백성도 안식을 누리지는 못했습니다. 이스라엘 백성에게 있어서 안식은 약속의 땅인 가나안에 들어가 기업을 차지하는 것이었습니다(신 12:9,10). 그들의 마음은 그들이 여행이 끝난 후에 이르러올 안식, 각 사람이 자기 소유의 포도나무와 무화과나무 아래 앉아 하나님의 축복을 누리는 그런 안식을 갈망하였습니다. 그러나 그 안식은 단순히 약속의 땅에 들어간다고 해서 얻어지는 것은 아니었습니다.

원수들이 그 땅을 점령하고 있었고, 비록 이스라엘이 가나안에 들어 간다 하더라도 여러 해를 싸워야 했습니다. 그렇지만 하나님께서는 그 싸움을 위해서도 다 준비해 놓으셨습니다. "나의 사자가 제 앞에 가서 너를 아모리 사람과 헷 사람과 브리스 사람과 …인도하고 나는 그들을 끊으리니"(출 23:20). 그러나 이 약속은 이스라엘이 하나님께 순종해야 만 이루어질 조건적인 것이었습니다. 그런데 그들은 끊임없는 우상숭배 로 약속된 안식에 들어가지 못했습니다. 그래서 그 안식의 약속은 아직 도 우리에게 남아 있게 되었습니다. "약속이 남아 있을지라도"의 헬라 어 카타레이포메네스(kataleipomanes)는 현재시제입니다. 이것은 안식 의 약속이 현재도 계속 남아 있다는 것과 들어오라는 초청과 권고가 지 금도 계속되고 진행 중임을 의미합니다.

하나님께서 약속하신 "그의 안식"은 어떤 물질적인 성취나 안락이 아 니었습니다. 그것은 하나님 안에서 얻는 영적 가나안의 경험입니다. 아 무리 젖과 꿀이 흐르는 외부적 안락 속에 묻혀 있다 하더라도 하나님을 떠나 불순종의 생애를 계속하는 사람의 양심은 인생을 짐으로 만듭니 다. 그러나 하나님께 완전한 굴복을 경험하면 모든 것이 새로워지며, 그 의 가치관이 변합니다. 그의 죄는 용서되고, 그리스도 안에서 새로운 피 조물이 됩니다. 마침내 방황하던 그 영혼은 쉼을 얻습니다. 그리고 하나 님의 약속된 안식에 들어갑니다. 육적 가나안의 안식은 실패로 끝났고, 이제 우리에게는 영적 가나안의 안식에 들어갈 수 있는 약속이 남아 있 습니다. 우리가 두려워하는 것은 광야의 이스라엘의 전철을 밟아 안식 에 들어가기에 미치지 못하는 일이 있을까 하는 것입니다.

2 히 4:3 "이미 믿는 우리들은 저 안식(κατάπαυσιν)에 들어 가는도다"

복음을 듣고도 화합하지 않은 사람들은 안식에 들어가지 못했지만 믿고 화합하는 사람은 그 안식에 들어간다는 말입니다. "들어가는도다"는 현재형으로 벌써 들어가고 현재도 들어가며 계속해서 들어간다는 뜻입니다. 이 사실은 안식이 아직 열려 있다고 하는 것을 나타냅니다. 왜냐하면 바울이 기록하고 있던 바로 그때에도 어떤 사람들은 들어가고 있었기 때문입니다.

믿는 우리들이 들어가는 저 안식은 여기서 무엇을 의미할까요? 여기서 믿는 자가 들어가는 안식은 단순히 휴식(rest)이나 어떤 쉼(a rest)이 아니라 원래의 그 안식(the rest in the original)을 말합니다. 원래의 그 안식은 무엇입니까? 여호수아가 이스라엘을 가나안으로 인도하기는 했으나 줄 수는 없었던 그 안식, 하나님께서 매 세대마다 그 안식으로 초청하셨으나 오직 믿는 자만 들어갈 수 있었던 그 안식, 바울 시대에도 "들어가고(to enter)", "들어가고 있다(are entering)"는 그 영적 안식은 어떤 안식이었습니까? 그것은 세상을 창조하실 때부터 우리에게 주신 것입니다.

세상의 창조, 바로 그때부터 하나님께서는 그의 백성에게 안식을 주리라고 계획하고 계셨습니다. 이것은 창조의 6일 후에 하나님께서 안식하시고 또 사람을 그와 함께 안식하도록 초청한 사실로부터 명백해 집니다. 하나님께서는 사람에게 쉴 새 없이 일만 하는 삶을 주시기 위해 창조하지 않으셨습니다. 하나님께서는 사람의 전 존재가 안식 속에 거하기를 원하셨습니다. 그분은 그의 피조물들이 생명의 충만함, 완전하고 만족한 생활, 그리고 일과 휴식이 가장 적당히 조화된 행복한 삶을 살기를 원하셨습니다.

이것이 바로 예수께서 "수고하고 무거운 짐 진 자들아 다 내게로 오라 내가 너희를 편히 쉬게 하리라"(마 11:28)고 말씀하실 때 의미하신 안식입니다. "네 자신을 하나님의 창조의 손길에 굴복시키라. 그러면 그는 너에게 안식(너의 영혼을 위한 안식, 그리고 방황으로부터의 안식)을 주실 것이다."

3 히 4:4,5 "제칠일에 관하여는 어디 이렇게 일렀으되 하나님은 제칠일에 그의 모든 일을 쉬셨다(κατέπαυσεν)하였으며 또다시 거기 저희가 내 안식(κατάπαυσιν)에 들어오지 못하리라 하였으니"

히브리서 기자는 안식의 주제를 논의하면서 창세기 2:2의 "하나님이 제칠일에 모든 일을 쉬셨다"라는 대표적인 안식일 구절을 인용함으로 우리가 믿음으로 들어가려는 안식의 기원을 창조 주일의 제7일에 있었던 하나님의 안식으로 잡고 있습니다. 하나님께서는 더 나아가 심지어 안식일을 기억하는 것이 "나와 너희 사이에 표징이 되어 너희로 내가 여호와 너의 하나님인 줄 알게 하리라"(겔 20:20)고 까지 말씀하십니다. 하나님께서는 영원한 안식의 원형을 제7일 안식일에서 찾으시는 것입니다. 이러한 모든 진술은 안식일이 하나님에게 얼마나 중요하며 영원한 안식에 들어가야 할 우리에게도 얼마나 필수적인지 알 수 있습니다. 이러한 배경에서 우리는 왜 하나님께서 제7일 안식일에 그렇게도 관심을 쏟으시는지 비로소 이해할 수 있는 것입니다.

4 히 4:6-8 "그러면 거기 들어갈 자들이 남아 있거니와 복음 전함을 먼저 받은 자들은 순종치 아니함을 인하여 들어가지 못하였으므로 오랜 후의 다윗의 글에 다시 어느 날은 정하여 오늘날이라고 미리 이같이 일렀으되 오늘날 너희가 그의 음성을 듣거든 너의 마음을 강퍅케 말라 하였나니 만일 여호수아가 저희에게 안식($κατέπαυσεν$)을 주었더면 그 후에 다른 날을 말씀하지 아니하셨으리라"

순종치 않은 이스라엘 백성과 하나님께서 창조 때부터 준비해 주신 안식을 거절하는 사람들은 그 안식에 들어가지 못하였으므로 아직도 안식에 들어가리라는 하나님의 약속과 그 안식에 들어갈 자들은 남아 있습니다. 바울은 여기서 독자들의 마음속에 생겨나는 한 가지 의문에 답하고 있습니다. 즉 모세는 안식을 주지 못하였지만 여호수아는 백성을 이끌고 가나안에 들어가지 않았느냐 하는 질문입니다. 그렇지만 그들은 가나안에 들어가서도 계속되는 우상숭배와 불순종으로 안식에 들어가지 못하였습니다.

5 히 4:9 "그런즉 안식($σαββατισμός$)할 때가 하나님의 백성에게 남아있도다"

그러므로 안식할 때가 하나님의 백성에게 남아있습니다. 왜 여기서만 유일하게 삽바티스모스(sabbatismos)를 썼을까요? 삽바티스모스는 이곳에서만 나오는 단어로서 "안식"(카타파우시스katapausis)과는 달리 "안식일의 준수" 혹은 "안식일을 지킴"으로 번역할 수 있습니다.

그러므로 4:9의 정확한 뜻은 다음과 같이 될 것입니다. "하나님의 백성에게 안식일을 지키는 것이(준수하는 것) 남아있도다." 문맥으로 보거나 언어학상으로 보아도 이 말은 여기서 제7일 안식일을 지칭하고 있는 것이 틀림없습니다. 따라서 "안식"이라는 일관된 용어 대신에 일부러 삽바티스모스라는 유일하고도 특수한 용어를 사용하고 있는 것입니다. 분명히 히브리서 기자는 여기에서 제7일 안식일의 준수가 하나님의 안식과 얼마나 깊은 관계가 있는가를 보여주며 그 안식일의 준수가 하나님의 백성에게 중요하다는 것을 강조합니다.

6 히 4:10 "이미 그의 안식(κατάπαυσιν)에 들어간 자는 하나님이 자기 일을 쉬심과 같이 자기 일을 쉬느니라"

하나님의 안식에 들어간 자는, 즉 그리스도를 만나고 순종하여 삽바티스모스의 안식에 들어간 자는 하나님께서 자기 일을 쉬신 것처럼 자기 일을 쉰다는 의미입니다. 하나님께서 언제 어떻게 쉬셨습니까? 여기서 기자는 다시 한 번 창세기 2:2의 제7일 안식일을 언급하고 있습니다. 아담과 하와의 첫날은 안식일이었습니다. 그들의 인생의 첫날 아담과 하와가 본 하나님의 모습은 일곱째 날에 안식의 "쉼"을 누리시는 하나님의 모습이었습니다. 아담과 하와는 무거운 의무와 일에서 그들의 삶을 시작한 것이 아니라 하나님과 함께하는 안식으로부터 그들의 첫날을 시작했던 것입니다. 이것이야말로 복음의 진수이고 참된 안식의 기원입니다. 그러므로 4:10은 다음과 같이 해석할 수 있습니다. "그리스도를 만나고 그가 주시는 안식에 들어간 자는 일곱째 날에 하나님이 자기 일을 쉬신 것처럼 제7일에 자기 일을 쉰다."

7 히 4:11 "그러므로 우리가 저 안식(κατάπαυσιν)에 들어가기를 힘쓸지니 이는 누구든지 저 순종치 아니하는 본에 빠지지 않게 함이라"

지금까지 말한 것의 총 결론입니다. 안식은 미래의 경험이 아닙니다. 그것은 이미 믿는 자들이 들어가는(4:3) 현재적 경험으로 제시되며 그것은 또한 "들어가고", "계속해서 들어가고 있으며", 그래서 우리도 "들어가기를 힘"써야 하는 지금의 문제입니다. 그래서 우리보다 먼저 복음을 받았으나 불순종하여 안식에 들어가지 못하고 광야에서 멸망한 이스라엘의 전례를 밟지 말아야 합니다.

결론

히브리서 기자는 3장과 4장에서 하나님께서 창조 때부터 사람에게 주시고자 예비하였던 "영원한 안식"에 대해 논하고 있습니다. 사람은 타락으로 그 안식을 잃었습니다. 모세도 그 안식으로 인도하지 못하였으며 여호수아도 그 안식을 주지 못했습니다. 그러므로 그 안식의 약속은 아직도 우리에게 남아있습니다. 우리는 이제 그리스도를 믿음과 순종으로 그 안식에 들어갈 수 있으며 이미 믿는 자들이 "들어갔고" 지금도 "계속 들어가고 있으며", "들어가기 힘써야 할" 것입니다.

히브리서 4장에는 "안식"에 대한 분명한 세 가지 개념이 나오고 있습니다. **첫째**는 이스라엘이 바라던 안식 즉 "가나안의 안식"입니다. 그것은 얻지 못했습니다. 배반과 우상숭배 속에서 모세도 주지 못했고 여호수아도 줄 수 없었습니다. **둘째**는 영적 "가나안의 안식"이며, 이것이야말로 참된 안식입니다. 그것은 참된 믿음과 순종 속에서 얻어지는 그리스도께서만 주실 수 있는 안식입니다. **셋째**로 그 참된 "안식"의 원형을 히브리서 기자는 제7일 안식일의 안식에서 가져오고 있습니다. 모든 "참된 안식"은 "제7일 안식일"의 안식이 그 원형이며 불가분의 깊은 관계가 있는 것입니다. 그러므로 하나님의 백성에게 남아 있는 것은 제7일 안식일을 준수(삽바티스모스)하여 그 안식을 맛보고 그 안식에 들어가야 한다는 것입니다.

22. 주안에 거하는 방법

> "자녀들아 우리가 말과 혀로만 사랑하지 말고 오직 행함과 진실함으로 하자 그의 계명들을 지키는 자는 주 안에 거하고 주는 저 안에 거하시나니 우리에게 주신 성령으로 말미암아 그가 우리 안에 거하시는 줄을 우리가 아느니라"(요일 3:18,24).

주의 계명을 지키는 자는 주 안에 거하고 주님이 그 안에 거하신다는 약속입니다. 혹시 여기에 넷째 계명은 제외하라고 하셨나요?

이스라엘 백성이 가나안 땅에 들어간 이후로도 계속 안식일은 지켜졌습니다. 그 나라의 번영과 영광은 저들이 안식일을 어떻게 대하느냐에 달렸었습니다(렘 17:24-27). 하나님의 말씀을 순종하여 안식일을 거룩히 지킬 때 저들은 번영하였고, 안식일을 무시하며 존귀히 여기지 않을 때 하나님께서 이방 나라를 채찍으로 삼아 저들을 징계하셨습니다. 안식일은 거룩하고 존귀한 날로 지켜지도록 요구되었습니다.

그럼에도 불구하고, 이스라엘은 안식일을 회복하고 주의 법도를 따라 바르게 사는 일에 늘 서툴렀고 자주 실패했습니다(겔 22:26). 안식일을 소홀히 하고 저버린 채 살다가, 바벨론에 포로로 잡혀 70여 년의 유랑 생활을 마치고 돌아온 이스라엘 백성은 이제 정신을 차리고 안식일을 회복하기 시작했으나, 계명의 정신보다는 지극히 형식적이고 율법주의적인 모습으로 안식일을 준수하는 어리석음에 빠지고 말았지요. 바로 그때에 계명의 주인이신 예수께서 이 땅에 오셔서 행함과 진실함으로 계명을 순종하는 법을 가르치셨습니다.

"나더러 주여 주여 하는 자마다 천국에 다 들어갈 것이 아니요 다만 하늘에 계신 내 아버지의 뜻대로 행하는 자라야 들어가리라"(마 7:21).

23. 하나님을 사랑하는 방법

"하나님을 사랑하는 것은 이것이니 우리가 그의 계명들을 지키는 것이라 그의 계명들은 무거운 것이 아니로다"(요일 5:3).

계명이 무거우신가요? 아내를 사랑하기 위해 애쓰십니까? 오, 이런…. 문제가 있는 부부관계군요. 속히 회복하십시오. 에덴동산에서 인류의 행복을 위하여 두 가지 제도를 주신 사실을 알고 계십니까? 첫째는 안식일이요, 둘째는 가정제도(창 2:24)입니다. 태초에 안식일이 사람을 위하여 만들어진 것처럼, 결혼제도 역시 사람을 위해서 만들어졌습니다. 결혼제도가 유대인만을 위해서 만들어졌다고 생각하는 사람은 아무도 없을 것입니다. "저를 아노라 하고 그의 계명을 지키지 아니하는 자는 거짓말하는 자요 진리가 그 속에 있지 아니"(요일 2:4)합니다.

"우리가 하나님을 사랑하고 그의 계명들을 지킬 때에 이로써 우리가 하나님의 자녀 사랑하는 줄을 아느니라"(요일 5:2).

24. 주의 날

> "주의 날에 내가 성령에 감동하여 내 뒤에서 나는 나팔 소리 같은 큰 음성을 들으니"(계 1:10).

오! 드디어 주일이 나왔습니다. 그러나 마가복음 2:28절에서 "인자는 안식일의 주인"이라고 했습니다. 요한은 약 70여 년이 지났어도 여전히 예수님의 선언이 귓가에 생생하게 맴돌았을 것입니다. 또 이때는 AD 100년경이었고, 그때는 일요일을 지키는 관습이 교회에 전혀 없을 때였습니다. "주의 날(Lord's day)"은 "주님이 주인이 되시는 날"을 말하는 것인데, 예수님이 "어떤 날의 주인"이라고 한 것은 안식일 밖에 없습니다. "주일" 즉 "주의 날"로 부르게 된 것은, 서기 343년 사르디카 회의에서 결정한 내용이며 AD 364년에 가서야 라오디게아 종교 총회가 공식적으로 "안식일을 제칠일인 토요일에서 일요일로" 바꾼다고 공표했습니다. 이것은 성경에서 떠나 배도하는 일이고, 교회의 권위를 성경 위에 놓은 것입니다. 그러나 이 사실이 놀랍지 않은 것은 이런 일이 있을 것을 예언해 놓았다는 사실입니다.

정직하게 답변해 보시기 바랍니다. 사도 요한이 밧모섬에서 "내가 주의 날에 계시를 보았다"할 때 "주의 날"은 토요일인가요? 일요일인가요?

25. 하나님을 경배하는 이유

> "우리 주 하나님이여 영광과 존귀와 능력을 받으시는 것이 합당하오니 주께서 만물을 지으신지라 만물이 주의 뜻대로 있었고 또 지으심을 받았나이다 하더라"(계 4:11).

왜 하나님께서 경배를 받아야 한다고요? 창조주이시기 때문입니다. 하나님께서는 십계명중 넷째 계명에 당신의 인을 기록해 놓으심으로써, 나머지 모든 계명도 동일한 하나님의 권위로 보장하고 있음을 보여주고 계십니다.

오늘날 수많은 사람이 다윈의 진화론의 영향으로 종교적인 회의주의자나 불가지론자들로 변해 버렸습니다. 진화론은 창조 사실뿐만 아니라 "죄에서 구원해 줄 구세주가 필요하다"는 성경의 진리에도 치명타를 남겼습니다. 또한 안식일은 누가 참 하나님인가를 말해주는 표이기 때문에 사탄은 태초 이래로 계속해서 안식일을 증오해 왔습니다. 사탄은 그리스도인들을 멸망시키기 위해 매우 교묘하고 노련한 전략을 세웠습니다. 어떻게 하면 믿음을 파괴하고, 사람들의 순종을 자기에게 돌릴 수 있을까? 하나님의 창조력과 그분의 다스리시는 권위를 나타내는 넷째 계명을 공격하는 것이 가장 치명적인 공격이 되지 않겠습니까?

안식일의 목적이 하나님을 창조주로 기억하는 것이므로, 만일 그 날이 항상 충성스럽게 준수되었더라면, 지구상에는 한 사람의 이교도나 우상숭배자들도 없었을 것입니다.

26. 아마겟돈 전쟁

> "용이 여자에게 분노하여 돌아가서 그 여자의 남은 자손 곧 하나님의 계명을 지키며 예수의 증거를 가진 자들로 더불어 싸우려고 바다 모래 위에 섰더라"(계 12:17).

사탄은 하나님의 계명을 지키는 자들에게 분노하고 있습니다. 당신은 지금 용의 편에 있습니까? 남은 자손의 위치에 있습니까? 사탄은 특별히 마지막 시대, 먹고 살기 위해서 안식일을 범할 수밖에 없도록 환란과 핍박을 줄 것입니다. 그때 하나님을 왜 섬기는지 자기의 동기가 온 우주 앞에 적나라하게 드러나게 될 것입니다. 대다수가 짐승의 표를 받을 것입니다. 왜 그럴까요? 예수님께 목숨을 바칠 때까지 하는 순종은 구원 얻으려고 억지로 해서 되는 게 아닙니다. 지금은 할 수 있을지 모르지만 안식일 지키는 것이 이 세상에서 가장 가증스러운 것이 될 때 예수님의 사랑이 없으면 안 되는 것입니다. 하나님에 대한 사랑이 마음에 있어야 가능합니다. 십자가 앞에서 완전히 굴복한 다음 이제는 주님을 기쁘게 하고 싶은 욕망 때문에 주를 따라 사는 것. 그것이 계명에 순종하는 사람입니다. 그래서 마지막에 안식일은 하나님의 인과 충성의 표가 되는 것입니다.

그리스도께서는 유대인들의 생각대로 안식일을 준수하지 않으셨습니다. 그래서 그분을 죽이려고 했습니다. 오늘날에도 많은 사람이 이와 같은 정신을 품고 있습니다. 안식일의 견해에 대해 자신들과 동의하지 않기 때문에, 박해하고 압제하며 법을 제정하려고 하며, 그들 자신의 견해를 관철시키려고 정치적 세력과 동맹하여 핍박할 때가 다가오고 있습니다.

27. 복음과 심판

> "또 보니 다른 천사가 공중에 날아가는데 땅에 거하는 자들 곧 여러 나라와 족속과 방언과 백성에게 전할 영원한 복음을 가졌더라 그가 큰 음성으로 가로되 하나님을 두려워하며 그에게 영광을 돌리라 이는 그의 심판하실 시간이 이르렀음이니 하늘과 땅과 바다와 물들의 근원을 만드신 이를 경배하라 하더라"(계 14:6,7).

영원한 복음은 변치 않는 복음을 뜻합니다. 안식일은 구약에도, 신약에도, 십자가 이후에도, 예수님의 부활 승천이후에도 지켜졌을 뿐 아니라 세상 끝과 그리고 도래할 새 하늘과 새 땅에서도 영원히 지켜질 것입니다. 안식일은 새 하늘과 새 땅으로 가는 생명의 황금다리입니다. 창세기부터 펼쳐져 오던 하나님의 대 구원의 역사는 계시록에서 이렇게 마무리 지으면서 인류에게 호소합니다. "심판하실 시간이 이르렀으니 너를 지으신 자를 경배하라!"

28. 승리하는 그리스도인

> "성도들의 인내가 여기 있나니 저희는 하나님의 계명과 예수 믿음을 지키는 자니라"(계 14:12).

그리스도의 다시 오심을 위해 준비할 자들의 모습입니다. 살아계신 하나님의 인은 품성 가운데 하나님의 형상을 가진 자들에게만 찍혀질 것인데, 살아계신 하나님의 인을 맞고 환난의 때에 보호함을 받게 될 자들은 예수의 형상을 충만하게 반사할 것입니다. 그 인은 어린양의 보혈로 거듭나고 성령의 역사로 거룩한 율법이 마음에 기록된(렘 31:33) 사람들에게 처지기 때문에 "예수의 믿음으로 계명을 지킨다"는 것은 "예수의 형상을 충만히 반사한다"는 말이며 그래서 "안식일이 참 백성과 거짓 백성을 구별하는 표"가 되는 것입니다.

우리에겐 인내가 필요합니다. 하나님을 올바로 예배하지 못하도록 갖은 모욕과 조롱으로 비웃고 손가락질할지라도 예수님의 인정하심만 있으면 세상이 줄 수 없는 평안을 소유할 줄 아는 그리스도인! "좁은 문으로 들어가라 멸망으로 인도하는 문은 크고 그 길이 넓어 그리로 들어가는 자가 많고 생명으로 인도하는 문은 좁고 길이 협착하여 찾는 이가 적음이니라"(마 7:13,14).

"믿음으로 아브라함은 부르심을 받았을 때에 순종하여 장래 기업으로 받을 땅에 나갈새 갈 바를 알지 못하고 나갔으며"(히 11:8). 그는 하나님의 약속이 실현되는 외부적 증거가 조금도 없는데도 그 약속을 믿고서, 집과 친척과 고향을 버리고 갈 바를 알지 못하면서 하나님께서 인도하실 곳으로 따라가고자 나아갔습니다. 갈대아 우르는 최고문명시설과 편리함을 갖춘 완벽한 도시였습니다. 그때 당시 수세식 화장실과 샤워시설이 갖추어질 정도였지요. 그런데 거기서 떠났습니다. 목적지도 없이 "갈 바를 알지 못하고" 무작정 나왔습니다. 사막의 생활이 얼마나 불편했겠으며, 모래바람과 얼마나 많은 위험한 환경에 직면했겠습니까? 이처럼 아브라함에게 임한 시험은 가벼운 것이 아니었고 그에게 요구된 희생도 작은 것이 아니었습니다. 그러나 그는 부르심에 순종하기를 주저하지 않았습니다. 그는 약속의 땅에 관하여 묻지 않았습니다. 토지가 비옥하고 기후가 건강에 적합한지, 그 지방은 유쾌한 환경을 제공하며 재물을 쌓을 기회를 줄 것인지 묻지 않았습니다. 하나님께서 말씀하셨으므로 순종할 뿐이었습니다. 그에게 있어서 이 세상에서 가장 행복한 곳은 하나님께서 그로 있기를 원하시는 곳이었습니다.

많은 사람이 아브라함이 시험을 당하였던 것처럼 오늘날도 시험을 당합니다. 그들이 하늘로부터 직접 말씀하시는 하나님의 음성을 듣지는 않으나, 말씀의 교훈과 섭리의 사건들을 통해 그들을 부르십니다. 그들은 극기와 고난과 희생의 길인 것처럼 보이는 길로 들어가기 위하여 부귀와 명예를 보장하는 직업을 버리며, 편리한 생활을 떠나고, 친족과 작별하라는 요구를 받을지도 모릅니다.

주께서는 그리스도를 위하여 자신의 손해를 이익으로 간주할 사람을 찾으십니다. 이와 같이 하고자 하는 사람은 아브라함의 믿음을 가진 사람이요, 그와 함께 "현재의 고난은… 족히 비교할 수 없"(롬 8:18)는 "지극히 크고 영원한 영광의 중한 것"(고후 4:17)을 나누어 받을 것입니다.

하나님의 참 백성의 특징은 "하나님의 계명을 지키는" 자들이라고 말씀합니다. "그 손의 행시는 신실과 공의며 그 법도는 다 확실하니 영원 무궁히 정하신 바요 진실과 정의로 행하신 바"(시 111:7,8)입니다. 사람의 유전을 따를 것입니까? 아니면, 하나님께서 친히 제정하신 날을 순종하며 지킬 것입니까?

"만일 여호와를 섬기는 것이 너희에게 좋지 않게 보이거든 너희 섬길 자를 오늘날 택하라 오직 나와 내 집은 여호와를 섬기겠노라"(수 24:15).

제4장

개신교회에 들어온 이교주의

Sunday, Easter, Christmas

부활절
크리스마스
일요일 준수와 태양 예배
콘스탄틴 황제의 일요일 휴업령
기독교의 공식적인 일요일 준수

4 Sunday, Easter, Christmas
개신교회에 들어온 이교주의

그리스도의 부활이 일요일 예배의 근거라고 하지만 성경적으로 인정될 수 없는 논증입니다. 신약 성경에 새로운 제도인 성만찬, 침례, 세족예식에 관하여 명백한 명령이 있다는 것과는 너무나 대조적으로 매주 일요일, 매년 부활절을 기념하라는 말씀이 전혀 없다는 것은 참으로 이상한 일이 아닙니까?

부활을 성만찬과 연관하여 일요일의 의미를 부여하려고 하는데, 성만찬은 부활의 기념이 아니라, "주의 죽으심을 오실 때까지 전하는 것"(고전 11:26)입니다. 십자가에 죽으심은 성만찬으로 기념하듯, 부활은 침례로 기념하도록 성경에 명시되어 있습니다(벧전 3:21; 롬 6:5). 이상의 몇 이유들을 보더라도 일요일 준수가 부활에 기초했다는 논증은 성경적인 것도 아니고 역사적인 것도 아니며 논리적인 것도 아님을 알 수 있습니다. 그렇다면 어디에 근거가 있을까요? 일요일 예배에 대한 성경적 근거는 없으므로, 그 기원은 역사에서 찾을 수밖에 없습니다. 그런데 성경에서 근거를 찾을 수 없는 것은 일요일 예배뿐만 아니라 크리스마스나 부활절도 마찬가지입니다.

예루살렘 공회 - 서기 49년경

사도 바울의 선교로 야기된 교리적인 문제를 해결하기 위하여 소집된 제1차 그리스도교 세계총회격인 예루살렘 회의의 결의 사항을 보면, 이방인이 그리스도인이 되는데 장애가 된 할례 같은 의식들은 폐지하기로 결의했어도 안식일 준수 여부는 처음부터 문제로도 거론되지 않았습니다(행 15장).

예루살렘 멸망 - 서기 70년

예루살렘에서 도망하는 일이 "겨울에나 안식일에 되지 않도록 기도하라"(마 24:20)는 예수님의 권고에 따라 유대 그리스도인들은 예루살렘을 빠져나와 요단동편 펠라(Pella)지방에 정착했다는 사실을 4세기 역사가 에피파니우스(Epiphanius, 315-430)는 기록하면서, 예루살렘 멸망 이후 오랫동안 안식일을 준수했음을 확인 시켜 주고 있습니다(Epiphanius, Adversus Haereses 29. 7, PG 41:401).

바르 코케바(Simeon-Kokeba) 반란 - 서기 132년 이후

서기 132년 로마의 하드리아누스(Hadrian, A.D. 117~138) 황제는 속국들과의 화친 정책으로 반란이 심하던 유대인들의 소원을 따라 예루살렘 성전 재건을 허가해 주었습니다. 랍비 아쿼바의 호소로 막대한 건축자금이 모이고 있을 즈음, 황제는 모든 속국들에게 자신을 신의 아들로 부르도록 하는 황제 숭배를 강요했고 특별히 예루살렘에 로마의 주피터(Jupiter) 신전 건립을 추진하였습니다. 이에 유대인들은 몹시 반발하여 성전건축 자금이 반란 자금으로 사용되었고, 바르 코케바가 주동이 되어 일으킨 대 반란은 안식일 역사에 중대한 변화를 가져왔습니다.

황제는 반란을 진압하기 위해 로마의 명장 세베리우스와 정예부대 22군단을 파견하였으나 전쟁에 능한 유대인들은 로마군대를 '엥케리' 골짜기로 유인한 후 전멸시켜버렸습니다. 이에 분노한 로마는 유대인 마을 985개를 초토화시켰으며 약 80만명이 죽임을 당했습니다.

135년까지 3년간 계속된 이 반란으로 예루살렘은 다시 한 번 폐허가 되었고 유대인은 예루살렘에서 완전히 축출되어 출입조차 금해졌습니다. 로마 군인들의 인명 피해도 막심하여 원로원에 보내온 하드리아누스 황제의 서한에도, "나와 그 군대들은 강건하도다"라는 공식적인 문구가 생략될 정도였습니다(Dio Cassius, Historia Romana, 69, 13).

유대인들에 대한 로마인들의 증오는 극에 달하였으며 유대교를 불법화하고 ① 토라(모세오경) 금지 ② 할례 금지 ③ 안식일 예배 금지령을 내렸습니다.

이 세 가지 금지령을 어기면 사형으로 다스렸는데, 이런 상황에서 안식일을 지키고 있는 초기의 그리스도교가 유대교로 오인되어, 무고한 증오와 핍박의 대상이 되었음은 말할 필요가 없습니다. 상황이 극도로 악화된 이러한 여건에서 취할 수 있었던 자구책은 그리스도교는 유대교와 다르다는 것을 변증하는 일이었습니다. 이러한 시대적 사명을 의식하고 나선 이방인 출신의 그리스도교 지식인들이 2세기에 대량으로 출현한 변증 교부들인 것입니다.

그러나 황제는 이를 무시하고 유대인과 그리스도인들 사이에 차별을 두지 않았고, 박해는 여전히 계속되었으며, 결국 교회 내부에 다음과 같은 분란이 일어나게 됩니다.

❶ 안식일을 계속 지키려는 무리들
❷ 안식일 대신 일요일을 지키려는 무리들
❸ 두 날을 모두 지키는 무리들

이러한 배경에 의해서 일요일에 예배드리는 일이 시작되었기 때문에, 일요일 예배에 관한 역사적 기록은 서기 150년경에 가서야 문서로 나타나기 시작합니다.

부활절

혹시 내년 부활절이 언제인지 아십니까? 알 수 없을 것입니다. 부활절이 해마다 바뀌기 때문인데, 그 날짜는 어떻게 정해지는 것일까요? 부활절은 춘분(春分)이 지난 후 첫 보름달이 뜬 다음 일요일입니다. 크리스마스와 부활절이 하필이면 이교의 동지축제와 춘분축제에 정확하게 일치하는 이유는 무엇일까요? 어째서 예수님은 기가 막히게 동지 축제에 태어나고, 춘분 축제 때 부활했을까요? 놀랍게도 두 절기의 기원은 태양신을 숭배하는 종교에서 그 날짜를 정하는 것뿐만 아니라 그날 행하는 풍습까지 그대로 교회 안에 들어왔다는 사실입니다.

초대 교회의 그리스도인들은 예수께서 십자가에 돌아가신 성력(聖曆) 1월(니산, Nisan) 14일 곧 유월절(踰越節, Passover)을 그리스도의 수난 기념과 무교절의 영적 의미를(고전 5:6-8) 새 언약에 연관시켜 오랫동안 준수해 왔습니다(고전 11:23-26). 그러나 유대인의 제1차 반란과(A.D 70) 제2차 반란(A.D 132~135) 이후 로마제국의 증오가 심각해지고 마침내는 유대교가 불법 종교가 되자 안식일 준수와 함께 이와 같은 수난 개념도 그리스도인을 유대인으로 오해시키는 구실이 되어 여기에서 벗어나려는 심리가 크게 작용했습니다. 그리하여 2세기 중엽에 이르러 1월 14일 수난 기념일 대신에 유월절 다음에 오는 일요일을 "부활절-일요일(Easter-Sunday)"로 날짜를 바꾸어 준수하려는 시도가 노골화되자 이를 반대하는 동방의 교회와 큰 충돌을 빚게 되었는데 이것이 이른 바 "부활절-일요일 논쟁(Easter-Sunday Controversy)"입니다(Irenaeus, Litter to Victor in Eusebius, Ecclesiastical History v. 24. 2-17).

"부활절-일요일"을 반대한 편은 주로 사도 요한 이 죽기까지 봉사한 소아시아 지역의 교회들로서 요한의 제자로 순교자가 된 서머나 교회의 감독 폴리카프를(Polycrap, A.D 155) 비롯하여 에베소의 감독 폴리크라테스(Po-lycrtes. A.D 130-196)등이 있었습니다.

논쟁은 계속되었으나 유대인에 대한 로마인들의 증오심 때문에 시대적으로 유리한 입장에 서게 된 로마 교회는 오랫동안 준수되어 온 안식일과 유월절 수난 기념일 대신 매주 "일요일"과 매년 "부활절-일요일"을 그리스도교의 예배일과 명절로 확립시키는 일을 쉽사리 수행할 수 있었습니다. 그리하여 321년 로마 황제 콘스탄틴(Constantine)의 주재로 개최된 역사적인 니케아 종교회의(the Council of Nicaea) 칙령에 포함된 감독들에게 보낸 서한을 통하여 동방에 있는 교회들도 유대인과 함께 하지 말고, 로마 교회와 같은 날을 부활절로 기념하라고 명령함으로써 오랜 "부활절-일요일" 논쟁에서 로마 교회가 승리했음을 공인했습니다.

이렇게 하여 그리스도교의 최대 명절, 영어로는 "이스터" 독일어로는 "오스턴"으로 불리는 부활절의 진상은, 그 근원을 전혀 성경에 두고 있지 않음을 교부들의 기록과 "부활절-일요일" 논쟁 역사를 살펴보면 당장에 알 수 있습니다. 다음은 5세기의 교회역사가 소크라테스(Socrates)의 증언입니다.

"이스터(부활절) 축제가 순수되었다는 지적이 신약 성경이나 사도 교부들의 기록 어디에도 없다. 주님이나 그의 제자들이 이것(부활절)이나 다른 축제를 명하신 적이 없다. 이스터(부활절)도 많은 다른 관습이 그렇게 수렴된 것처럼 교회가 이교의 옛 용어를 바꾸어 영구하게 한 것으로 돌려진다"(The Encyclopedia Britannica, 11th ed.(1910), vol, VII, 828).

고대 앵글로 색슨족들이 봄의 여신으로 섬겨 온 "오스타라"(Ostara 혹은 Eostre)를 위하여 베풀어졌던 다산(多産)을 비는 봄의 축제가 "이스터"입니다. 동쪽(Ost)에서 태어나 땅에 새 생명을 가져오는 봄의 태양을 상징하기도 한 이 여신은 "부활절 달걀"이나 "부활절 토끼"가 드러내듯 왕성한 생식과 다산을 상징합니다. 이 봄의 여신 "오스타라"는 구약 성경에 나오는 가나안의 여신 아스다롯과(삿2:13 ; 10:6 ; 삼상 7:3,4; 왕상11:5,33) 앗시리아와 바벨론의 여신인 "이슈타"(ishtar)와 같은 존재임이 밝혀졌습니다(The World Book Encydopedia(Chicago: World Book Inc., 1986) 787, 788).

부활절에 나누어 주는 달걀은 봄에 생명이 싹트는 부활과 다산을 상징하고 있다고 여겼기 때문에 이집트와 중근동의 춘분 축제 때 달걀을 나누어 먹었습니다. 또 하늘에서 유프라데스 강으로 떨어진 거대한 달걀로부터 여신 아스타르테(Astarte-Easter)가 부화 되었다고도 합니다. 영국의 고대 드루이드교도(Druids)들은 달걀을 거룩한 상징으로 지니고 다녔으며, 로마 풍작의 여신 케레스(Ceres) 행렬에서는 달걀이 앞서갔습니다. 아테네에서는 박카스 제전이나 디오니시아카의 제전 때 달걀을 성별하여 바치는 종교행사가 거행되었습니다.

부활절-일요일 아침에 많은 교회들은 일출 예배를 연합으로 드립니다. 부활절-일요일 아침 예수께서 죽은 자 가운데서 살아났기 때문에 그런 종교행사를 한다고 주장하지만, 이 일출 예배 모형은 고대 태양 숭배의 한 부분입니다. 에스겔 시대에 제사장들조차도 태양숭배에 빠졌음을 알 수 있습니다. "그가 또 나를 데리고 여호와의 전 안뜰에 들어가시기로 보니 여호와의 전문 앞 현관과 제단 사이에서 약 이십오 인이 여호와의 전을 등지고 낯을 동으로 향하여 동방 태양에 경배하더라"(겔 8:16). 엘리야 시대에 바알 선지자들이 바라보았던 곳도 역시 동쪽이었습니다. 이 바알 선지자들이 바알을 부르기 시작한 때는, 태양이 그 첫 모습을 동쪽 지평선 위로 나타낼 때, 즉 동틀 때였습니다(왕상18:26).

옥스퍼드 사전은 다음과 같이 기록합니다. "그리스도교의 부활절은 크리스마스처럼, 고대 이교의 축제를 대신한 것임이 분명한 것으로 여겨진다"(The Oxford Dictionary of the Christian Church(Oxford: Oxford University Press, 1974), 437).

크리스마스

부활절과 함께 기독교의 최대 명절이 된 크리스마스 역시 일요일이나 부활절처럼 태양숭배와 연관된 조로아스터교와 미트라, 로마인들의 태양신을 맞이하는 축세일이었음이 이교의 고대 문헌에서 확인됩니다. 크리스마스의 근원이 된 이교의 절기는 라틴어로 "디에스 나탈리스 솔 리스 인비크티"(dies natalis solis invicti)였는데 그 뜻은 "정복할 수 없는 태양의 생일"이었습니다. 그날은 예수탄생 이전에도 동지 축제와 수많은 메시아와 신들의 축제였습니다.

역사는 기록합니다. "동지(冬至)가 지난 후 낮이 다시 길어지기 시작하고 정복할 수 없는 항성(태양)이 다시 흑암을 이길 때인 '새로운 태양'의 생일인 12월 25일을 축하 하도록 매우 일반적인 준수가 요청되었다"(Framz Cumont, Astrology amd Religion Among Greeks and Romans, 1960, 89, in Bacchiocchi, 257). 기독교가 헬레니즘문화에 뿌리를 내리기 위해서 그들의 풍습을 하나 둘씩 흡수하면서 손쉽게 이방인들을 전도할 수 있었습니다. 그리하여 로마 카톨릭 교회는 "이교도들이 믿음을 받아들이는 것이 용이 하도록 하기 위해, 그들이 이교의 축제에서 돌아서도록, 흑암의 정복자인 '무적(無敵)의 태양' 미드라(Mithras)를 영광스럽게 하는 같은 날인 12월 25일을 그리스도의 임시적인 생일로 제정하는 것이" 좋다는 결론에 이르게 됩니다(Mario Righetti, Storia Liturgica, II (Milano: Editrice Ancora, 1955), 67).

크리스마스 트리의 관습은 고대 이집트에서의 동지제(冬至祭) 때 나뭇가지를 장식하고, 로마의 동지제 행렬에서는 월계수 가지 장식을 들고 행렬을 했던 성목(聖木) 숭배에 그 기원을 두고 있습니다. 신 브리태니카 백과 사전은 다음과 같이 정의 내리고 있습니다. "이교도들이었던 유럽인들 사이에서 성행하였던 나무숭배는 그들이 그리스도교로 개종한 후에도 존속하였는데, 마귀를 찾아내기 위해 신년에 집과 헛간을 전나무로 장식하고 크리스마스 시즌에 새들을 위해 나무를 세우는 스칸디나비아의 관습들을 통해 이어져 왔다"(The New Encyclopedia Britannica, Christmas Tree).

일요일 준수와 태양숭배

일요일 예배, 그것은 일반적으로 생각하고 있는 것처럼 예수님 부활 이후 안식일이 폐지되고 부활을 기념하여 지키기 시작했다고 하는 단순 논리로 해결되는 문제가 아닙니다. 일요일 예배가 뿌리를 내리고 자리를 잡아 교회의 예배일이 되기까지는 수많은 이교들과 로마의 황제들과 이교적 신학자들의 영향, 태양신과 관계, 그리고 엄청난 투쟁의 역사를 통해서 이루어진 비성서적인 제도임을 알아야 합니다.

그리스도교에서 신봉하는 예수는 "의의 태양"(Sol Juvictus)이시므로 로마인들의 "불패의 태양"(Sol Invictus)인 미트라와 동신이명(同神異名)임을 주장했습니다. 이러한 논리가 교회의 일요일 예배를 합리화 혹은 정당화한 것입니다. 이들로부터 소위 일요일 신성론, 영혼불멸설 등이 발생되었고 나중에는 크리스마스 경축제와 마리아 숭배 등이 교회로 도입된 것입니다.

콘스탄틴 황제의 일요일 휴업령 - A.D 321

때마침 동서로 나뉘었던 로마제국을 통일하는 과정에서 그리스도교로 개종한 콘스탄틴(Constantine) 황제가 313년 밀라노 칙령(the Edict of Milan)을 내려 종교 자유를 허용하는 극적인 일이 일어났습니다. 그리고 잇달아 그리스도인들과 교회에 온갖 특전을 제공하는 일련의 조치를 취함으로써 그리스도인들의 더할 나위없는 환심을 사게 되었고, 이러한 분위기에서 황제는 321년 3월 7일 다음과 같은 역사적인 칙령을 내립니다.

"존경스러운 이 태양의 날에 모든 판사들과 도시에 사는 모든 사람들, 그리고 장사하는 모든 사람들은 휴업 하도록 하라 그러나 농촌에 사는 사람들은 하늘이 마련해 준 혜택을 상실하지 않도록 씨를 뿌리거나 포도나무를 재배함에 있어 그토록 적절한 때가 없는 수가 있으므로 적기(適期)를 놓치지 않기 위해, 이 날에 완전히 자유롭게 농경(農耕)에 종사하도록 하라"(Codex of Justinian, lib. 3, tit. 12, leg. 3, in Pgilp Schaff, History of the Christian Church, vol. 3(New York: Scribner, 1902), 380).

콘스탄틴 황제가 휴업하도록 명령한 날의 대상인 "존경스러운 태양"은 예수 그리스도가 아니라, 황제 자신을 포함한 로마 사람들이 섬겨 온 "무적의 태양"곧 "미트라" 태양신 입니다.

콘스탄틴은 평생 태양 숭배자였고 그의 개종은 이름뿐이었습니다. 그리스도교로 개종한 뒤에도 고대 희랍과 로마의 태양신인 아폴로(Apollo)를 높이기 위해 주화(鑄貨)를 만들어 냈으며 죽기까지 이교 태양신의 대제사장의 칭호인 "Pontifex Maximus"를 썼습니다. 이것이 교황의 칭호로도 유입되었지요. 그는 그리스도교와 이교를 동시에 유지하려는 정책을 썼는데 이러한 콘스탄틴 황제가 휴업하도록 명령한 날은 부활을 기념하는 그런 성일(聖日, holy day)이 아니라, 운동경기나 오락을 즐기는 세속적인 휴일(休日, holiday)에 불과했습니다(Kenneth S. Latourette, A History of Christianity(New York: Harpe & Brothers, 1953), 92, 93).

처음에는 불법 종교가 된 유대교와 구별되기 위하여 애쓰던 것이, 얼마 후 태양의 이름으로 휴식을 명령한 이교적인 정책을 교회 지도자들이 오히려 추진하고 환영한 까닭은 무엇일까요? 313년 밀라노 칙령에 따라 신앙의 자유가 허락되고, 명목적인 개종을 거친 콘스탄틴 황제는 성직자들에게 병역과 납세의 의무를 면제하고 사법상의 특혜, 하사금 지급 등 엄청난 특권을 부여하고, 교회의 사유재산과 유증(遺贈)까지도 허락하는 등 정치적 배려가 깊어지자 그리스도교는 금세 현실에 눈이 어두어진 퇴폐적인 정치 종교로 탈바꿈하고 말았습니다(J. L. Hurlbut, The Story of the Christian Church(Grand Rapids: Zondervan Publishing House, 1970), 60). 성직 매매가 시작되고, 성직 쟁탈을 위한 정치적 수단이 동원되어 366년 로마 교회 감독 다마수스(Damasus)를 선출할 때는 폭력배들이 동원되었고, 415년 알렉산드리아에서는 성직에 나섰던 히파티아(Hypatia)가 폭력배에게 맞아 죽는 일까지 벌어졌습니다.

기독교의 공식적인 일요일 준수

이와 같이 일요일 예배는 비성경적인 배경을 가지고 매우 인위적이면서도 이교적인 방법으로 교회에 들어와 자리를 잡게 되었고 마침내

교회에서도 일요일 예배를 합법화시키기 위한 몇 차례의 회의로 성경의 권위가 아닌 교회의 총회를 통해서 결의를 하게 됩니다.

◆ 325년 니케아 종교회의(Nicaea)

태양의 날 일요일을 부활절로 성수 하도록 결의(Eusebius, Vita Constantini. Life of Constantine, bk. Ⅲ, chp. 17. in Frank H. yost, p.49).

◆ 343년 사르디카 회의(Sardika)

태양의 날 일요일을 '부활의 날'이란 미명 아래 일요일 신성론으로 부각시키면서 "주의 날(Lord's Day)"로 개칭하고, 교역자가 여행으로 "주의 날"을 세 번 범하면 제명시킬 것을 제11조에 명시하도록 의결 (Charles Joseph Hefele, A History of the Christian Councils, Vol.2, Trans, and ed. by H. N. Oxenham. Edinburgh: T. and T. Clark, 1986. pp. 143-145. in Frank H. yost, p. 49).

◆ 364년 라오디게아 종교회의(Council of Laodicea)

일요일 준수가 마침내 공식적으로 인준. "그리스도인들은 유대 화 하여 안식일에 게으르지 말아야 하며, 그날에 반드시 일해야 한다. 그러나 그들은 주의 날(일요일)을 특별히 존중히 여겨, 그리스도인으로서 가능하면 이 날에 일하지 말라. 그런데도 만일 그들이 유대화 한다면 그리스도로부터 저주를 받을 것이다"(Synod of Laodicea, Canon 29, as translated in Nicene and Aante-Nicene Fathers(Graahd Rapids:1971).

Second Serics, vol. 14, 148).

로마 황제 콘스탄틴은 이교와 그리스도교를 정치적으로 연합시키는 일을 위해 일요일을 활용하였고, 교회는 정치적인 이익을 제공하는 일요일을 발판으로 회심하지 아니한 이교도들을 그리스도교에 입문(入門)시켜 마침내 중세기를 지배하는 로마 카톨릭의 입지를 확보한 것입니다. 이리하여 일요일에는 일하지 말라고 제안한 최초의 교부인 터툴리안(Tertu-llian)의 말과(Vincent J. Kellly, Forbidden Sunday and Fcast-Day Occupations(Washington: the Catholic Universiry of America Press, 1943), 203), 안식일에는 일하고 일요일에는 쉬라고 결의한 최초의 회의인 라오디게아 종교회의의 결의와, "존경스러운 태양의 날"에는 일하지 말라는 최초의 법인 콘스탄틴의 칙령을 따르기 위해 "제칠 일은 너의 하나님 여호와의 안식일인즉 … 아무 일도 하지 말라. 이는 엿새 동안에 나 여호와가 하늘과 땅과 바다와 그 가운데 모든 것을 만들고 제 칠일에 쉬었음이니라"(출 20:11)고 이유까지 밝혀 말씀하신 하나님의 계명을 유린하고 있습니다.

결국 200년 이상 계속된 로마제국의 핍박을 "죽도록 충성"(계 2:10)함으로써 이긴 그리스도 교회는, 종교의 자유와 온갖 호의를 베풀면서 타협을 시도한 콘스탄틴 황제의 정책에 쉽사리 넘어간 것이며, 교회의 권위로 하나님의 계명을 대신한 예수님 당시의 종교 지도자들의 처신에 불과합니다.

"너희는 어찌하여 너희 유전으로 하나님의 계명을 범하느뇨 이 백성이 입술로는 나를 존경하되 마음은 내게서 멀도다 사람의 계명으로 교훈 삼아 가르치니 나를 헛되이 경배하는 도다"(마 15:3,8,9).

"만일 누구든지 이것들 외에 더하면 하나님이 이 책에 기록된 재앙들을 그에게 더하실 터이요 만일 누구든지 이 책의 예언의 말씀에서 제하여 버리면 하나님이 이 책에 기록된 생명나무와 및 거룩한 성에 참예함을 제하여 버리시리라"(계 22:18,19).

제5장

안식일은
믿음으로 말미암는 의의
극치

Remember the Sabbath

5 Remember the Sabbath
안식일은
믿음으로 말미암는 의의 극치

안식일은 '믿음으로 말미암는 의(以信稱義)'의 극치

그리스도의 대속으로부터 흘러나오는 모든 은혜는 바로 믿음이라는 통로를 거쳐 개인에게 적용됩니다. 우리의 운명을 결정하는 이 믿음의 주제는 너무나 중요하므로 잘못된 이해를 가져서는 안 됩니다. 그런데 현재 많은 기독교인들 사이에서 통상적으로 가르쳐지며 용납되고 있는 믿음의 교리에 대해 지극히 염려스러운 마음을 버릴 수가 없습니다. 믿음에 대해 많이 강조되고 있는 것은 사실이지만 현재 강조되고 있는 이 믿음의 개념이 성경적이 아니라는 사실이 우려를 자아내게 합니다.

믿음을 가졌다고 주장하는 많은 사람들의 삶에서 그에 상당한 영적인 열매가 부재하다는 사실입니다. 또한 이 믿음이 순종의 대체물로, 현실도피의 한 방편으로, 나약한 성품을 위한 은신처로 제시되고 있는 것을 보았습니다.

성경이 말하는 믿음은 하나님과 그 아들이신 예수 그리스도를 전적으로 신뢰함을 뜻합니다. 사실 이 반응조차도 영혼의 마음을 먼저 움직이는 성령의 역사함 없이는 불가능합니다. 믿음은 참회하는 영혼에게 주시는 하나님의 선물이며, 정말 큰 기적인데 그것은 하나님의 말씀을 따라 살도록 영혼에게 주시는 능력이기 때문입니다. 따라서 하나님의 뜻에 합당한 행위를 이끌지 못하는 요즘 남발되고 있는 믿음은 성경이 말하는 믿음이 아니요 그 출처가 전혀 다른 이질적인 그 무엇임이 분명합니다.

믿음과 도덕성은 같은 동전의 양면입니다. 정말이지 믿음의 본질이 도덕적일 수밖에 없습니다. 예수를 개인의 구세주로 받아들인다고 고백하는 믿음이 그 고백자의 삶을 자기 주인인 그리스도에 대한 완전한 순종으로 이끌지 못한다면, 그것은 무력한 믿음이며 종국적으로 그러한 믿음의 소유자를 멸망에 빠뜨리고 말 것입니다.

믿는 자는 당연히 하나님의 말씀에 순종하게 되어 있습니다. 온갖 지식적, 심리적 곡예를 부리며 순종하기를 거부하는 자세는 진정한 믿음의 부재를 나타내 보이는 명확한 증거일 뿐입니다. 불가능을 가능케 하기 위해 하나님께서는 우리에게 믿음을 주셔야만 하는데, 그분은 이러한 믿음을 순종하는 마음을 가진 자들에게만 주시는 것입니다. 참된 회개가 있는 곳에 참된 순종이 있습니다. 그 이유는 회개라는 것이 단순히 과거에 범한 잘못과 죄들에 대한 슬픔만이 아니라, 회개하는 순간부터 하나님께서 우리에게 계시한 그분의 뜻을 이행하려는 결심이기 때문입니다.

사탄은 오랜 교회의 역사를 통해 변질된 신학을 주입시켜 왔습니다. 많은 사람이 예수님을 따르는 듯 언변을 늘어놓지만, 그 예수님이 직접 행함으로 모본을 보이시고 가르치셨던 성경 진리의 중요성을 온갖 궤변으로 감소시키는 주장을 하는 사람들을 본 적이 있습니까? 사람들을 하나님의 뜻에 대한 순종으로 인도하기 보다는, 그 주장하는 논리를 따라가 보면 파멸로 이끄는 넓고 안일한 불순종의 길로 이끄는 말을 하는 사람들을 본 적이 있습니까? 이처럼 믿음과 순종의 직접적인 관계를 인식하게 되면, 믿음이란 단어를 사용하면서 예수님을 높이는 듯 많은 말들을 침을 튀기며 늘어놓지만 사실은 그 예수님을 사탄에게 입맞춤으로 팔아넘기려는 종교적 장사꾼들을 쉽게 식별할 수 있게 됩니다.

또한 율법주의라는 말을 들어보셨습니까? 자신의 힘으로 계명의 요구를 만족시키려는 노예 정신이지요. "내 자신이", "그리스도의 도움 없이 인간의 힘으로" 하나님의 계명을 준수하려는 노력, 바로 이것이 율법주의의 정의입니다. 이러한 정의를 접하면서 몇 가지 분명한 사실을 파악할 수 있습니다.

첫째, 그리스도의 도움 없이 우리 자신의 힘만으로 하나님의 계명을 지키려는 것이 율법주의라면, 안식일에 예배를 드리는 사람을 율법주의자로 취급하면서 일요일에 예배를 드리는 사람은 율법주의자가 아니라는 주장은 성립될 수 없습니다.

둘째, 율법주의는 행위와 관련된 것이 아니라 마음의 동기에 의해 결정됩니다. 자기 자신의 힘에 의존해서 자기 혀를 다스리려는 사람은 율법주의자 이지만, 이 똑같은 말조심을 그리스도의 도움에 의존해 성사시키는 성도는 율법주의자가 아닌 것입니다. 이 둘에 있는 치이는 그들의 동기이지 밖으로 나타나는 행위가 아님을 알 수 있습니다.

따라서 다른 사람의 행위를 그리스도의 존재가 없는 율법주의적인 것으로 함부로 매도하는 일은 매우 위험하고 올바르지 못합니다. 인간의 안목은 다른 사람의 마음속에 있는 동기를 정확하게 판단할 수가 없습니다.

그런데 커다란 문제는 "그리스도의 도움 없이 인간의 힘에 의존해 하나님의 계명을 지키려는 자세"를 율법주의로 정의하는 것이 아닌, 그 어떤 동기에서 유래하던지 상관없이 하나님의 뜻을 행하려는 그 자체를 율법주의로 규정하는 곡해된 개념이 기독교에 만연하고 있다는 사실입니다. 이러한 입장에 따르면, 죄를 승리하는 그리스도인의 삶은 설상 그리스도의 능력의 도움이 있더라도 절대로 불가능하기에, 하나님의 뜻을 행하려는 노력 그 자체가 율법주의가 되고 맙니다. 이러한 사고방식은 더럽혀지지 않은 삶을 살려는 간절한 마음을 가지고 사는 사람들을 율법주의자로 정죄하고 있으며, 그리스도의 은혜에 의지하여 그리스도를 닮으려하고 하나님의 뜻을 따르려는 모든 그리스도인들의 삶을 율법주의적인 것으로 매도하고 있습니다. 높은 표준을 가진 그리스도인들은 율법주의자가 되고 저질적인 생활을 사는 기독교인들이 참된 그리스도인이 되는 것이지요. 이러한 논조는 "율법주의자가 되지 않기 위해 나는 안식일을 조금씩 범한다" 혹은 "율법주의자가 되지 않기 위해 간음도 조금씩 하련다"라는 어처구니없는 결론이 가능해 지도록 합니다. 하지만 하나님의 말씀은 우리에게 분명히 말해주고 있습니다. "저 안에 거한다 하는 자는 그의 행하시는 대로 자기도 행할지니라"(요일 2:6).

그런데 유대인들은 예수 없이 안식일을 바라보고 복음 없이 그날을 성별하였습니다. 당시 유대인들은 그들의 구전 율법인 미쉬나(Mishnah)에 기록된 39개조 안식일 준수 법을 해석하여 수많은 시행 세칙들을 만들고 문자 그대로 마치 사람이 안식일을 위해 있는 것처럼 만들어 놓았습니다. 그들의 무수한 전통적인 규제들과 무의미한 제한들에 의하여 유대인들은 안식일을 짐이 되게 하였으며, 조금도 기쁜 것이 되게 하지 않았습니다. 예수께서는 이러한 종교 지도자들을 통렬히 비판하면서 "안식일은 사람을 위하여 있는 것"(막 2:27)이라는 혁명적인 선언을 하시며 당신의 생애와 가르침을 통하여 안식일을 예배하고, 하나님을 명상하며, 자애와 자선을 행하는 날로서 그 합당한 자리로 회복시키셨습니다. 사실 이러한 선언은 유대 종교 지도자들에게는 혁명적 선언이었는지 모르지만 안식일의 제정자요 주인이신 예수 그리스도의 입장에서는 곧 "안식일의 본질 회복 선언"이었습니다.

우리는 "안식일준수"하면 "토요일"만 지키면 되는 것으로 생각하기 쉽습니다. 그러나 안식일 준수는 날짜를 지키는 것 이상을 포함합니다. 진정으로 안식일을 준수하는 경험은 창조에 관한 사실을 인정하고 시간을 구별하는 것만이 아니라, 종 된 상태에서부터 해방시켜 주신 구원의 표라는 사실을 체험하는 것입니다(신 5:15).

성경은 "너희 자신을 종으로 드려 누구에게 순종하든지 그 순종함을 받는 자의 종이 되는 줄을 너희가 알지 못하느냐 혹은 죄의 종으로 사망에 이르고 순종의 종으로 의에"(롬 6:16) 이른다고 말합니다. 이러한 죄의 종 된 상태는 애굽의 종 된 경험과 비슷하다고 할 수 있습니다. 안식일이 노예에서 해방된 기념인 것처럼, 우리에게도 안식일은 "죄에게서 해방"(롬 6:18)되어 구원의 감격을 누리는 날입니다.

바울은 그리스도를 "세상을 창조하신 분"과 "죄를 정결케 하는" 분으로 언급하고(히 1:1-3), 그리스도인을 "새로운 피조물"(고후 5:17)이라고 부릅니다. 그러므로 구속은 곧 창조이며 안식일은 구속과 창조 모두를 포함하고 있기 때문에 그날은 믿음으로 말미암는 의의 극치입니다. 이와 같이 안식일은 우리를 거룩케 한다고(출 31:13; 겔 20:12,20) 약속할 뿐만 아니라 영원한 언약(출 31:16)이며 하나님의 인입니다(계 7:2). 안식일을 지키는 사람의 삶 속에서 창조적인 권능이 결과를 맺지 못한다면 그날은 결코 의미가 없는 것입니다.

죄는 안식일의 쉼을 빼앗아 갔습니다. 따라서 안식일을 맞이하면서, "너희 죄가 주홍 같을지라도 눈과 같이 희어질 것이요 진홍 같이 붉을지라도 양털 같이 되리라"(사 1:18)는 약속의 말씀에 의지하여 회개와 용서로 잃어버린 평안을 찾게 되며, 거룩한 시간 속에서 예수의 형상을 닮은 새로운 피조물로 재창조되는 구원의 기쁨을 누리고, 사람을 거룩하게 하는 하나님의 의의 옷을 입게 됩니다. 그래서 매 주 안식일을 맞이할 때마다 우리는 참된 성결을 경험하고 시간의 거룩함과 조화를 이루게 됩니다. 그것은 시간의 지성소 속으로 들어가는 경험입니다.

유대인들이 하나님에게서 떠나 믿음으로 그리스도의 의를 자신의 것으로 삼지 않았을 때 안식일은 그들에게 무의미한 것이 되었습니다. 사탄은 안식일을 왜곡시키려고 활동하는데 그 이유는 안식일이 그리스도의 능력의 표징이기 때문입니다.

유대의 지도자들은 안식일을 무거운 짐이 되는 요구 사항들로 둘러싸서 사탄의 뜻을 성취시켰습니다. 그리스도 시대에 안식일은 매우 왜곡되어서, 랍비들은 사실상 사람들이 순종할 수 없는 율법을 주신 분으로 하나님을 나타냈습니다. 그들은 하나님을 폭군처럼 여기게 하고 하나님께서 요구하신 안식일의 준수는 사람들의 마음을 강퍅하게 하고 잔인스럽게 만들었다고 생각하게 했습니다. 이런 그릇된 관념을 없애는 것이 바로 그리스도의 일이었습니다. 랍비들이 무자비한 적개심을 품고 예수를 따라다녔지만 예수께서는 그들이 만들어 놓은 안식일이 아니라 하나님이 제정하신 안식일을 지키시면서 행하셨습니다.

그리스도께서 율법을 폐하셨다고 주장하는 사람들은, 예수께서 이 땅에 계실 때 안식일을 범하셨다고 가르칩니다. 따라서 그들은 실상 트집 잡던 유대인들이 하던 것과 똑같은 입장을 취하고 있는 것입니다. 그들은 "내가 아버지의 계명을 지켜 그의 사랑 안에 거하노라"(요 15:10)고 말씀하신 그리스도 자신의 증언을 모순되게 만듭니다. 구주나 제자들 중 어느 누구도 안식일을 범하지 않았습니다. 그리스도는 십계명의 산 표본이셨습니다. 그의 생애 가운데 계명의 거룩한 명령을 범한 일을 찾아볼 수 없습니다. 예수께서는 당신을 정죄하려는 기회를 찾던 증인들을 바라보시면서 "너희 중에 누가 나를 죄로 책잡겠느냐"(요

8:46)고 말씀하셨지만 아무도 반박할 수 없었습니다.

그리스도의 생애는 우리의 모본입니다. 우리도 주의 뜻 행하기를 즐기고 주의 법이 우리 심중에 있게 해야 합니다(시 40:8). 그것은 노력해서 되는 게 아닙니다. 예수 그리스도의 십자가를 아는 지식이 거룩한 생애를 살게 해 주는 힘의 원천이 됩니다. 하나님이 세상보다 더 좋을 때, 죄가 싫어지는 것은 당연한 것입니다.

믿음으로 말미암는 의의 가장 중요한 관점은 내 마음가운데 있는 칭의(稱義)의 경험입니다. "보라 아버지께서 어떠한 사랑을 우리에게 주사 하나님의 자녀라 일컬음을 얻게 하셨는고"(요일 3:1). 하나님의 사랑이 우리 마음에 부어진바 되어(롬 5:5) 주님을 사랑하지 않고는 못 배기게 만드는 것, 그것이 지금 우리의 경험이 되어야 합니다.

그리스도인이 된다는 것은 단순히 믿음을 공언하는 것 이상을 요구합니다. 하나님께서 기꺼이 주시는 은혜를 의지해 죄를 극복하려는 간절한 노력이 있어야 합니다. 하나님께서는 당신의 능력을 우리를 위해 준비해 두셨고, 예수님을 믿는 믿음을 행사하여 그 도움을 요청하는 이들은 그 능력을 받을 것입니다. 하나님의 능력이 인간의 노력과 협력하여 "신의 성품에 참예하는 자가 되게 하"(벧후 1:4)실 것입니다.

"저희가 주의 법을 폐하였사오니 지금은 여호와의 일하실 때니이다 저희가 주의 법을 지키지 아니하므로 내 눈물이 시냇물 같이 흐르나이다"(시 119:126,136).

# 11HN 열한시네트워크

1. 웹사이트

✓ http://www.11hn.net

분명한 진리의 말씀과 성경을 연구할 수 있는 효과적인 자료들인 월간지, 인터넷 방송설교, 각종 세미나, 요한계시록과 다니엘 연구 동영상, 성경 주제별 공부시리즈, 아름다운 시와 음악 등 방대한 자료들이 준비되어 있습니다.

2. 월간지 〈열한시〉

매달 가정과 건강과 신앙에 관하여 중요하고도 참신한 기사들이 예쁘게 디자인된 총천연색 월간지에 실립니다. 각종 질병과 건강에 관한 천연 치료법들과 성경의 예언 및 구원에 관한 중요한 주제들이 심도 있게 다루어집니다.

3. YouTube

✓ 11HN 성서연구원

11HN에서 제작한 모든 영상을 PC와 스마트폰에서 쉽고 빠르게 보실 수 있는 〈11HN 성서연구원〉 YouTube 채널이 준비되어 있습니다. YouTube에서 〈11HN〉을 검색하세요.

차별화된 기독교 인터넷 방송이 제공됩니다. 성경강의는 물론 성경의 예언의 성취를 다루는 성경의 예언들, 그리스도인의 자녀 교육, 건강, 기독교 역사, 채식 요리, 그리스도인 젊은이들이 세상을 바라보는 토크, 참 신앙을 찾는 사람들의 이야기, 거듭난 사람들의 간증, 예배 등 다양하고 유익한 프로그램들로 구성된 인터넷 방송국입니다.

4. 도서 단행본

요한계시록/다니엘 등 예언 연구, 복음, 그리스도인 생활, 교리, 그리스도의 생애, 건강, 기독교회사, 예배일에 관한 연구 등 삶을 변화시키는 진리가 담긴 책자들이 있습니다.

5. 성경 공부 시리즈

성경 전체를 다양하고 심도 있게 공부할 수 있는 성경공부 7권 시리즈입니다.

6. 〈팟빵〉, 〈팟캐스트〉

✓ **11HN 검색**

컴퓨터와 스마트폰에 11HN의 영상과 MP3를 쉽게 다운받고, 들으실 수 있습니다.

7. 온라인 카페 안내

✓ **그리스도인 (http://kingsm.net)**

진리의 말씀을 사모하고 그 말씀대로 살아가길 원하는 사람들을 위한 온라인 카페입니다. 주제별로 분류한 월간지 글 모음! 다니엘서 및 요한계시록 Bible Study 자료 무료 다운로드! 채식 요리 레시피, 자녀 교육, 농사 일기 등 유용한 정보와 말씀으로 삶이 변화된 실제적인 경험이야기가 〈그리스도인〉 카페에 있습니다.

■ **11HN네트워크**   1544-0091, 010-9543-0091, 11hnnet@gmail.com
경북 봉화군 봉성면 봉양4길 52-212 (36231)

8. 후원 안내

11HN은 독자 여러분의 후원으로 운영되는 선교센터입니다.
여러분께서 정성스럽게 보내주시는 귀한 헌금은, 보다 많은 분들에게 진리를 전하기 위하여, 가장 소중하고 조심스럽게 사용할 것을 약속드립니다. 책자를 보시고 마음에 감동을 받으신 분들은 아래 계좌로 후원을 부탁드립니다.

후원 계좌 (예금주 : 열한시)

농 협	301-0019-4151-11	국 민	611601-04-222007
신 한	100-025-300569	우 리	1005-601-482208
우체국	700245-01-002423	하 나	630-006815-376

후원 자동이체 서비스

스마트폰에 [네이버 앱]을 설치하신 후, [QR 코드]라고 검색하시면
아래와 같이 [렌즈] 인식검색이 보입니다.

[렌즈]를 누르시고, 오른쪽에 있는 QR코드 이미지를 스캔하시면
[후원 자동이체 서비스]페이지로 이동합니다.

[미국 후원안내]

Pay to order : 11HN SOSTV Inc
보내실곳: 4640 Glen Level Dr, Sugar Hill, GA 30518
11HN SOSTV의 Tax ID No는 82-4291717 이며, 세금 공제 혜택을 받으실 수 있습니다.

11HN 선교센터
11HN Global Ministry ✉ 11hnnet@gmail.com

 한국 ☎ 1544-0091 / 010-9543-0091   **미국** ☎ 1-917-935-9006

캐나다 ☎ 1-778-385-0691   **일본** ☎ 81-050-1141-2318

 인도네시아 ☎ (62) 812-1026-3892   **호주** ☎ 61-0404-624-074

Social Network

 카카오톡
아이디: 11HN

 카카오스토리
아이디: 11HN

 네이버
카페: 그리스도인

 유튜브 채널
검색: 11HN성서연구원